SDGs経営
Sustainable Development Goals
の羅針盤

持続可能な新しい時代へ

三井久明

目次

略語表

CSR	Corporate Social Responsibility	企業の社会的責任
CSV	Creating Shared Value	共有価値の創造
ESG	Environment, Social, Governance	環境、社会、企業統治（ガバナンス）
FSB	Financial Stability Board	金融安定理事会
GCNJ	Global Compact Network Japan	グローバル・コンパクト・ネットワーク・ジャパン
GHG	Greenhouse Gas	温室効果ガス
GPIF	Government Pension Investment Fund	年金積立金管理運用独立行政法人
GRI	Global Reporting Initiative	グローバル・レポーティング・イニチアチブ
IIRC	International Integrated Reporting Council	国際統合報告フレームワーク
IPCC	Intergovernmental Panel on Climate Change	気候変動に関する政府間パネル
ISO	International Organization for Standardization	国際標準化機構
KPI	Key Performance Indicator	主要成果指標
MDGs	Millennium Development Goals	ミレニアム開発目標
OECD	Organization for Economic Co-operation and Development	経済協力開発機構
PRI	Principles for Responsible Investment	責任投資原則
SASB	Sustainability Accounting Standards Board	米国サステナビリティ会計基準審議会
SDGs	Sustainable Development Goals	持続可能な開発目標
SRI	Socially Responsible Investment	社会的責任投資
TCFD	Task Force on Climate-related Financial Disclosures	気候関連財務情報開示タスクフォース
UNGC	United Nations Global Compact	国連グローバル・コンパクト
WBCSD	World Business Council for Sustainable Development	持続可能な開発のための世界経済人会議

序　章

　SDGs（持続可能な開発目標）が 2015 年に登場してから、既に数年が経過しようとしている。これは、もともと国連総会の場で採択された目標であり、開発途上国の目線で達成が目指されている項目が少なくない。SDGs は、官民がともに達成を目指すべき目標と唱えられているものの、従来の数々の国際開発目標と同じく、政府機関や国際機関、非政府組織（NGO）など限られた組織の中で議論されるにとどまるように思われた。

　実際、日本でも人々の SDGs への関心は、2017 年ごろまではさほど高くなく、「持続可能な開発」という概念に違和感を覚えた方が多かったのではなかろうか。日本政府は、SDGs の国民への普及を進めるため、さまざまな取り組みを行った。外務省などは当時、「PPAP（Pen-Pineapple-Apple-Pen）」でブレークしたタレントを用いて「ピコ太郎×外務省（SDGs）」といった動画を作成したり、大手の芸能事務所の芸人に SDGs のアイコンのパネルを持せたりして、国民への普及に努めてきた。外務省が国民への広報活動を主導していたということが、SDGs は、日本国内のことでなく国際協力のテーマであるというイメージにつながったのかもしれない。2017 年ごろまでは多くの人々にとって、SDGs は縁遠い存在であった。

　ところが、その翌年くらいから SDGs を巡る人々の関心は一変して広がりを見せ始めた。何が具体的なきっかけになったのだろうか。外務省などによる政府の普及活動が功を奏しただろうか、それとも SDGs と密接につながる ESG 投資が注目を集めてきたことが要因かもしれない。世代では、特にミレニアム世代と呼ばれる平成初期に生まれた人々の関心が高まっている。こうした世代は、環境や人権問題などについての国際世論の動向を敏感に感じ取っている。

　2019 年になると「東京ガールズコレクション for SDGs」、「ミス・ワールド・ジャパン× SDGs」など、古びた固定観念では追いつかないほどSDGs は社会的な広がりを見せた。また、学生が就職活動に際して、志望企業の SDGs への取り組み状況をチェックするようになった。そのため、大学の講義でも SDGs を取り上げるケースが増えている。高校の授業で

すら SDGs をカリキュラムに採り上げるところが出てきている。

　首都圏を中心に難関・有名中学の入試問題でも SDGs に関する設問が出題されるようになった。例えば、2019 年度の中学入試問題として下記が出題された。小学生と SDGs とはあまりにかけ離れているようにも見えるが、実はそうではない。今の社会人にとっては、2030 年や 2050 年の地球課題と言われても遠い将来の話であり、もう現役を退いて引退生活に入っている方もいよう。ところが、小学生にとってはまさに現役で働いている時期であり、こうした課題にいずれは正面から直面しなければならない。そうした子供たちに、SDGs を身近なものとして感じ、これを真剣に考えてほしいという学校側の願いが、この出題に反映されているように見える。

　試しに、中学受験生（小学 6 年生）になったつもりで下記の設問にチャレンジしてみてはいかがか。これらの設問は SDGs のゴールとどうつながっているか。正解はどのようなものになるか。

女子学院中学校（東京都・私立）
・将来にわたって世界の人々がともに豊かに暮らすために、限りある資源から得られる利益を公平に分かち合えるしくみについて、利益を公平に分かち合うためには、日本で生活する私たちがチョコレートや衣料品などの商品を購入するときにどのようなことを考えて選べばよいか、述べなさい。

大妻多摩中学校（東京都・私立）
・家庭から出される生活排水や、工場などから出される工業排水などが、川や海に多く流れ込むことにより水が汚染されています。特に生活排水は一人当たりの量で考えると少なく感じるかもしれませんが、それが全体では大量の汚れになっています。大切な水の汚染を防ぐために、あなたが普段の生活でできることを答えなさい。
・今後、地球では水不足が深刻化するといわれています。その最大の原因としてあなたが考えることを答えなさい。

品川女子学院中等部（東京都・私立）

・_____線⑥「排出量を実質ゼロにする」について、「実質ゼロ」になるとはどういうことですか。その説明として最も最適と思われるものを次の中より一つ選び、記号で答えなさい。

① CO_2の排出はあっても、自然に吸収可能な量の範囲内にして環境に悪い影響は与えないようにするということ。

② パリ協定ではCO_2排出量よりも環境への影響を重視しており、協定を守れば排出量は問わないということ。

③ 世界の温度上昇が２度未満に抑えられれば、CO_2排出量の多い少ないは問題にならないということ。

④ クルマの全生産量をみて、電気自動車やハイブリッド車でCO_2排出量のバランスをとるということ。

聖園女学院中学校（神奈川県・私立）

・地理を学ぶと、空も海も世界中とつながっていることがわかり、私たちは地球という同じ家に住んでいることを実感できます。しかし、現在、南太平洋やカリブ海に、この地域の外からプラスティックゴミが集まり、世界的に大きな問題になっています。なぜ、世界中のプラスティックゴミが南太平洋やカリブ海に集まったのか、説明しなさい。そして、この問題を解決するためにあなたができることを説明しなさい。

大宮開成中学校（埼玉県・私立）

・飢餓と貧困をなくすことを使命とする国連の世界食料計画（WFP）によると、世界では９人に１人が飢餓に苦しんでいます。また、５歳未満で亡くなる子供のうち、約半数は栄養不良が関係しています。もしあなたが国連の食糧問題の担当者だとしたら、日本の中学生に対してどのような活動をしますか。50字以内で書きなさい。

こうした人々のSDGsへの関心の高まりを受け、企業側の意識も2018年から2019年にかけて変化した。2018年までは、多くの企業はSDGsを理解することに精一杯であり、「SDGsとは、そもそも何なのか」、「なぜ民間企業にとってもSDGsが重要なのか」、「ESGとSDGsとの関係は、どうなっているのか」といったSDGsそのものへの疑問が多く、こうしたテーマのセミナーが各地で開催されていた。

　ところが2019年に入ると、こうしたSDGs内容解説型のセミナーは急減し、むしろ「SDGsを経営に活かすにはどうすればよいか」、「統合報告書などの中でSDGsへの取り組みをどう整理すればよいか」といった、より具体的なテーマを取り上げるセミナーや研修が増えてきた。

　こうした変化を反映し、SDGsの経営への活用や、そのレポーティング方法について、さまざまな手引き書が作成されている。そのなかで、最も早くに発表され、広く参照されているのは、UNGC（国連グローバル・コンパクト）とGRI（グローバル・レポーティング・イニシアティブ）が中心となって取りまとめた『SDGコンパス：SDGの企業行動指針』(2016年)である。この中では、民間セクターへのSDGsの影響が解説されるとともに、SDGsを経営戦略に取り入れるステップが紹介されている。

　さらに、2017年になると両団体から『SDGsに関するビジネス・レポーティング』というタイトルの3分冊の手引書が公開された。SDGsの経営戦略への活用法や、進捗のモニタリング手法などについて具体的なツールや事例が示されている。筆者が在籍する国際開発センターは、GRIスタンダードの日本における認定研修機関であり、筆者も講師を務める。2019年3月からは、GRIが作成した『SDGsに関するビジネス・レポーティング』研修を日本で実施している。本書では、こうした研修や一般企業向けのSDGsセミナーおいて利用している資料に基づき、SDGsの意義や活用法などについて解説を試みている。

　まず、第1章「そもそもSDGsとは何か」では、SDGsが登場した背景や、その構成について解説する。なお、個々のゴールについては、附録資料「ゴール・ターゲットごとの解説及び関連するビジネス・アクション」に、それぞれの概要説明がある。それぞれのゴール、ターゲットに民間企業がどう

関連するのかチェックする際に、この資料をご活用いただきたい。第2章「なぜ民間企業にとってSDGsが重要なのか」では、企業がSDGsに取り組む要因について、外的と内的の2つの側面から整理した。国連の場で合意されたような国際開発目標の達成に、あえて民間企業が取り組むのはなぜか、こうした疑問を考え直す際に参考にしていただければ幸いである。第3章「サステナビリティ・レポーティングの枠組み」では、企業の持続的開発を語るうえで不可欠な非財務情報について取り上げた。非財務情報の国際的な報告枠組みに関し、それぞれの内容と特徴を解説した。弊社のGRIスタンダード研修の内容の一部がここに含まれている。企業・団体の中でサステナビリティレポート、CSR報告書、統合報告書の作成に従事されている方々に参照していただけるよう情報を整理した。第4章では、SDGsを経営に活用するプロセスを、前述の『SDGコンパス』に示されるステップに沿って解説した。そして、最後の第5章では、持続可能な開発への取り組みを経営に有効活用している企業・団体の事例を5つ紹介した。

　なお、本書は『SDGコンパス』の解説書、補助資料として使っていただきたいという願いがある。そのため『SDGs経営の羅針盤』というタイトルをつけた。SDGsの内容に関心を持たれている方、組織内でSDGs普及に努められている方、経営戦略へのSDGsの活用を検討されている方などに、SDGs経営の羅針盤として広く参照していただければ幸いである。

　また、本書を取りまとめるにあたり、企画段階からエネルギーフォーラム出版部の山田衆三氏にご対応いただき、国際開発センターSDGs室の同僚を含むご関係の皆様からも多大な助言やコメントを頂戴した。さらに、諸分野の専門家の方々との議論を通じて多くの知識や示唆を得ることができた。ご支援いただいたすべての皆様に、心から感謝の気持ちと御礼を申し上げる。

2020年4月吉日

国際開発センター　SDGs室長／主任研究員

三井 久明

1章

そもそもSDGs
とは何か

SDGsとは何か

SDGs（持続可能な開発目標）とは、2015年の国連サミットで「持続可能な開発のための2030アジェンダ」に掲げられた、国際的な開発目標のことである。世界の150カ国を超える加盟国首脳の参加のもと、全会一致で採択された。貧困、飢餓、ジェンダー、教育、環境、経済成長、人権など、幅広いテーマをカバーしており、2030年までの達成が目指されている。豊かさを追求しながら地球環境問題に対処し、「誰一人取り残さないこと」が強調されている。

SDGs（Sustainable Development Goals）と複数形になっていることからわかるように、開発目標はひとつではなく17のゴールから構成されている。SDGsを示す際に17色のカラフルなアイコンが使われることが多いので、目にされた方も多いのではなかろうか。一つひとつのアイコンには「ゴール1：貧困をなくそう」とか「ゴール2：飢餓をゼロに」といった短いメッセージがついている。それを見ればおおよその内容はわかる。だが、正式の表題はもう少し複雑であり、ゴール1は「あらゆる場所のあらゆる形態の貧困を終わらせる」、ゴール2は「飢餓を終わらせ、食料安全保障及び栄養改善を実現し、持続可能な農業を促進する」となっている。後述するが、それぞれのゴールには、複数のターゲットと各々の指標がついている。つまり、SDGsは、ゴールとターゲットと指標の3つで構成されている。

SDGsの登場の背景には、近年の地球環境や経済、社会の持続可能性に関する世界的な危機意識の高まりがある。国連で合意された国際的な開発目標には、これまでもいくつものアジェンダがあった。SDGsの前身であるMDGs（ミレニアム開発目標）が、その代表的なものである。従来は、こうした開発アジェンダは、国や国際機関、NGOなどが対処するものという考え方が一般的であった。だが、近年は地球環境や経済、社会問題は、より深刻で影響が拡大しており、政府や国際機関だけでは対処できなくなりつつある。企業、市民社会、メディア、教育機関などのさまざまな組織の積極的な関与が必要となっている。特に企業は、環境、社会、経済への

影響力が大きく、業務体制の変革やイノベーションを通じてさまざまな課題に取り組むことができる。また、こうした取り組みを通じて、未来を見据えた持続可能な企業経営を志向することも可能となる。SDGs は、企業に対し、ビジネスを通じて環境、社会、経済の諸課題に取り組むことを期待している。

地方自治体の中にも SDGs に関心を示すところが現れている。国際的な開発目標といっても、SDGs は海外の話ばかりではなく、保健・福祉、教育、雇用、街づくりなど、生活に密着したテーマが多く含まれている。市民レベルでも SDGs への関心は徐々に高まっている。これを受け、自治体が地域住民や市民団体と情報を共有し協働を模索してゆく傾向にある。そのうえで、SDGs は格好のツールになっている。

持続可能な開発と持続可能でない開発の違い

SDGs という言葉は、徐々に日本社会に浸透しつつあるように見えるが、そもそも「持続可能な開発」とは何を意味するのか。持続可能な開発があるのだから、持続可能でない開発があるはずだが、それは何か。まず持続可能な開発の示す意味について考える。

まず「開発」とは何か。英語の Development は、通常は開発、あるいは発展と訳される。所得水準が低い国（Developing Countries）のことを、開発途上国といったり発展途上国といったりする。両者の間で若干のニュアンスの違いはあるのかもしれないが、開発と発展は同じように使われている。

開発という概念は、経済開発、社会開発、地域開発、農村開発、人的資源開発など、さまざまなケースで使われる。経済や社会、地域、農村、人的資源のそれぞれが「開発」されることにより、何らかの価値が高まって、以前よりも良い状況に至るという意味が込められている。同じような概念で成長（Growth）があるが、開発とは異なり、こちらは経済規模の拡大とか、所得水準の上昇など、数値の上昇を示すためだけに使わる。経済成長という言葉はあるが、社会成長とか地域成長、農村成長という言葉は耳

にしない。

　それでは、持続可能な開発とは何か。実は、持続可能な開発については国際的に参照される定義がある。1984年、国連に「環境と開発に関する世界委員会（ブルントラント委員会）」という名前の有識者会議が設置されたが、この委員会が1987年に公表した報告書である「われら共通の未来（Our Common Future）」の中で初めて「持続的な開発」の概念が取り上げられた。そこでは、持続可能な開発とは「将来世代のニーズを満たす能力を損なうことがないような形で、現在の世代のニーズも満足させるような開発」のことと示されている。つまり、開発が持続可能かどうかの焦点は、将来の世代のニーズを損なうか損なわないかにある。もし逆に「持続可能でない開発」を定義するなら、それは、「将来世代のニーズを満たす能力を損なうような形で、現在の世代のニーズを満足させるような開発」となる。現代の世代のニーズばかり追い求めることで、将来の世代の暮らしが甚大な悪影響を受けるようであれば、その開発は持続的でないことになる。

　また、開発の対象となる時間軸にも違いがある。これまでの開発は、せいぜい数年から10年くらいまでの中期的な時間軸で考えられていた。国や自治体の開発計画は、中期（おおよそ5カ年程度）の計画が一般的である。世界銀行のような国際協力機関の国別支援戦略もだいたい5カ年が区切となっている。開発を進めることにより、現在の人々の生活を改善すること、今日の社会や環境面のトラブルを解決することが基本的には目指されている。

　一方、前述のように「持続可能な開発」では、もう少し長い時間軸で環境や社会の課題がとらえられている。例えば、「パリ協定」では、2030年以降の温室効果ガス排出削減が協議の対象とされ、今世紀末時点での世界の平均気温の上昇幅を抑えることが最終的な目標になっている。現在の世代の人々ではなく、子供や孫といった次世代、次々世代の人々の生活が焦点になっている。「開発」によって現世代の人々の生活が改善されるだけでなく、将来の世代の人々も安寧な生活を送れることを目指すのが「持続可能な開発」の視点である。

現代の開発は持続可能か

　人類の歴史は、石器時代の狩猟採集から原始的な農業を経て1万年ほど前に農耕社会が始まり、灌漑技術の開発、定住化などが進んでいった。18世紀に英国で産業革命が起きると、生産力が飛躍的に向上し、工業製品の大量生産が実現した。工業社会の登場は、蒸気機関車によって人々の移動が促進されるなど、社会生活にも大きな影響を及ぼした。20世紀後半には、コンピューターの普及を受けて、産業の情報化が進んだ。情報の流通が促進され、情報社会が築かれてきた[※1]。

　近代の日本の歴史をみても、19世紀末の明治維新後、「脱亜入欧」のスローガンのもと、文明開化、殖産興業、近代化が進んだ。第二次世界大戦が終了すると、敗戦の荒廃から復興し、先進国に追いつくため、急速な勢いで工業化を実現させてきた。鉱物資源やエネルギーを輸入し、これを工業製品に加工することを通じて経済規模を拡大し、国民が豊かな生活を享受できるようになった。生産を拡大し、経済を大きくし、人々の富を増やすことは、皆の願いであり、そこに疑問を挟む余地はなかった。経済は無限に大きくなるものと信じられていた。

　だが、20世紀後半になると、急激な経済拡大路線を懸念する見方が現れてくる。1970年にローマクラブが発足し、資源と人口のバランス、軍備拡張、環境破壊といった課題を危惧した。1992年に「成長の限界」というレポートが発表され、現状のまま人口増加や環境破壊が続けば、石油などの資源の枯渇や環境の悪化によって、100年以内に人類の成長は限界に達すると警鐘を鳴らした。そして、破局を回避するためには、地球が無限であるということを前提とした従来の経済のあり方を見直し、世界的に均衡を目指す必要があると論じた。

　ローマクラブの活動は、その後に国連に設置された「環境と開発に関する世界委員会」に受け継がれた[※2]。同委員会は、1987年に「われら共通の未来」という報告書を発表した。前述のように、その中で初めて「持続可能な開発」という概念が示されることになる。

　ローマクラブの警鐘は、持続可能な開発目標の中で引き継がれている。

今日、我々は無限から有限へのパラダイム・シフトを意識すべき時代に来ている。人類の成長は、なぜ無限でなく有限なのだろうか。次節では、その理由を「資源の枯渇」、「地球温暖化」、「所得格差と社会不安」の3点から説明する。

将来の持続的開発への懸念

（1）資源の枯渇

　成長の限界について考えるうえで、最もイメージしやすいのは資源の枯渇であろう。産業革命以降の我々の生活は、石油、石炭といったエネルギーや、さまざまな鉱物資源に依存している。こうしたエネルギー源や鉱物資源は、何百万年という気の遠くなるような時間をかけて蓄積されたものであり、すぐに再生産されるものではない。我々の世代が採り尽くしてしまえば、将来の世代は、こうした鉱物資源を利用することはできない。地中のエネルギーや鉱物資源に依存している限り、無限の成長はあり得ない。成長にはおのずと限界がある。

図1-1　主な地下資源の採掘可能年数

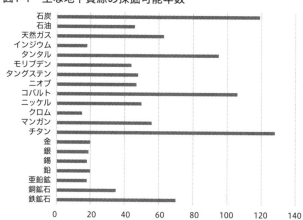

出所：平成23年版「環境白書・循環型社会白書・生物多様性白書」（環境省）

図1-1は、化石燃料と主な鉱物資源について、今後の採掘可能年数を示したものである。それぞれの採掘可能年数は、鉄鉱石が70年、鉛が20年、銅が35年、金が20年、クロムが15年、石油が46年、天然ガスが63年とされている。多くの資源の採掘可能年数が100年以下である。現在の消費ペースが続くなら、将来の世代に十分な資源を残せないという状況に陥るのは不可避である。

　もちろん新たな埋蔵資源の発見、省資源型の技術開発や、資源リサイクル・リユースなどの推進で、資源の枯渇を迎えるまでの期限が伸びる可能性はある。技術改革により、これまで採掘できなかった資源が利用可能になるかもしれない。だが、中国やインドなど新興国の近年の経済発展には著しいものがあり、世界の資源需要がますます高まる可能性もある。資源枯渇の懸念を拭い去ることはできない。

　さらに、食糧需給と水資源についても将来の状況が懸念される。国が豊かになるにつれ、穀物などの植物由来の食料を中心とした食生活から、畜産などの動物由来の食料へと嗜好が変化してゆく傾向がある。一般に、同じ水量を用いて畜産物と穀物を生産した場合、畜産物のほうが非効率的である。水1㎥で生産できる小麦が0.2〜1.2kg、トウモロコシが0.3〜2.0kgであるのに対して、牛肉は0.03〜0.1kgとなっている[※3]。今後、2050年までの間に、畜産物への需要増加が見込まれ、飼料穀物の需要も増大が予想される。全体の穀物需要が拡大することで、ウォーター‐フットプリント[※4]の増加など水資源の欠乏が懸念される。

　中国は、世界人口の約2割を占める大国であるが、国民所得の増加、食品加工業の発展、食品流通の近代化などを背景として、肉類の消費拡大が進んでいる。肉類については、豚肉、牛肉、鶏肉のそれぞれについて、1990年から2013年までの間にいずれも消費量が2〜5倍に増加した[※5]。今後の食肉需要に対応するためには、飼料用食糧の大幅な増産が不可避である。農耕に利用できる水資源の量にはおのずと限界があり、いずれ水不足が成長の制約をもたらすことになろう。

　世界人口は、現時点で75億人程度と推定されているが、30年後の2050年には100億人近くに達すると推測されている。短期間にこれだけ人口が

急増することだけでも、水資源に少なからぬ影響を及ぼす。これに加えて、新興国の人々の生活水準が上昇し、食肉需要が拡大することになれば、水不足がさらに深刻化する。

(2) 地球温暖化

今日、地球温暖化は既に身近な話題である。異常気象、暴風雨など「気象庁観測史上初」という表現を何度耳にしたことだろうか。年号が令和になった途端、北海道では 39℃を記録し、人々を驚かせた（2019 年 5 月 26 日）。同年 10 月の台風 19 号によって東日本一帯に暴風雨が襲いかかり、千葉県の房総半島などでは甚大な被害があった。瓦屋根の瓦が吹き飛ばされ、凶器となって人や家屋に襲い掛かる状況など、これまでの日本の歴史で起きたことがあったのだろうか。地球温暖化が海面温度を上昇させ、未曾有の異常気象をもたらしていることを、誰もが認識せざるを得なくなった。メディアも「温暖化台風」といった表現を使うようになってきている。近年の異常気象による被害は天災ではなく、人災であることをはっきりと認識すべきである。

地球温暖化という言葉が登場して久しいが、実際に、地球の気温はどれくらい上昇しているのか。「気候変動に関する政府間パネル（IPCC）第 6 次評価報告書」によると、世界の地上気温は、産業革命期の 1880 年から 2012 年までの期間に平均で 0.85℃上昇しているとされる[6]。特に、最近 30 年の各 10 年間はいずれも、1850 年以降に先立つどの 10 年間よりも高温であり続けた。また、気象庁の観測データによれば、日本の年平均気温も、1898 年から 2014 年の間、世界平均を超えるスピードで上昇している[7]。

地球温暖化は、単に平均気温が上昇するだけでなく、降水量や降水パターンにも変化をもたらす。平均気温の上昇とともに、北半球中緯度の地域では、降水量が 20 世紀に入って増加していることがわかっている。日本では、1898 年の統計開始以降、降水量の年ごとの変動が大きくなった。加えて、ゲリラ豪雨と呼ばれる短時間強雨も頻繁に発生している。

海面にも大きな変化が表れている。1971 年から 2010 年において、海洋表層（0 〜 700 m）で水温が上昇したことは、ほぼ確実である。日本近海

における海面水温の上昇率は、世界全体の平均海面水温の上昇率よりも大きな値である。海面水温の上昇は、海洋生態系を混乱させ、海苔やサンマの不漁など漁業に大きな影響を及ぼしている。

　さらに、温暖化により雪氷圏が縮小している。過去20年にわたり、グリーンランド及び南極の氷床の質量は減少しており、氷河はほぼ世界中で縮小し続けている。この傾向が続けば、必然的に海面水位が上昇することになる。実際に、1901年から2010年の約100年の間に、海面水位は19cm上昇した。このままでは、21世紀中に最大82cm上昇すると予測されている。

　仮に将来、海面が1m上昇すると、大阪では、北西部から堺市にかけて海岸線は、ほぼ水没する。東京でも、堤防などを高くするなどの対策をとらなければ、江東区、墨田区、江戸川区、葛飾区のほぼ全域が影響を受けるという[8]。

　何が地球温暖化をもたらしているのか。その要因は大気中への二酸化炭素など温室効果ガスの大量の排出であることが確実視されている。二酸化炭素の累積総排出量と世界平均地上気温の上昇は、ほぼ比例関係にある[9]。19世紀末の産業革命以降、人類は、大量の二酸化炭素を大気中に排出してきたが、これが地球の温暖化につながっている。石炭、石油などの化石燃料の利用が二酸化炭素の排出量増加の最大の要因である。現在の経済成長が、化石燃料のさらなる利用と二酸化炭素の排出拡大を引き起こすのであれば、こうした経済成長は人類社会にとって自殺行為であり、決して持続可能な開発とは言えない。

(3) 格差と社会不安

　従来の開発経済学のなかでは、産業化の進展により経済成長が実現すると、その効果が国民の広い範囲に徐々に波及し、社会全体が豊かになると説明された。富める者が富めば、貧しい者にも自然に富が浸透する効果のことを「トリクルダウン効果」と呼んだ。実際、日本では、戦後の高度経済成長のおかげで、1970～1980年代にかけて一億総中流社会と意識される中産階層の厚い豊かな社会が築かれてきた。しかし、トリクルダウン効果が意識されたのは1990年代ごろまでであり、バブル経済が崩壊し、

2000年代に入ると、一億総中流という国民意識がぐらつく。特に、リーマン・ショック後は低所得世帯が増え、社会の所得格差が拡大してきた。今では、日本は世界第3位の経済大国でありながら、7人に1人が低所得[10]であり、特に一人親世帯では半数以上が貧困に苦しんでいるといわれる。

　世界でも、所得格差は一層の拡大傾向を示している。2019年の国際労働機関（ILO）調査によると[11]、世界で最も富裕な10％の被雇用者が総賃金の48.9％を受け取っている。これに対し、低所得の20％の被雇用者は総賃金の1％しか受け取っていない。この傾向は過去13年間にわたり変化がない。また、2004年から2017年にかけて、中産階層（所得が中位の6割）の総収入額は全体の44.8％から43.0％へと縮小した。その一方、富裕層（所得が上位の2割）の総収入額は、全体の51.3％から53.5％へと拡大した。富裕層の所得増は、中産階層や貧困層の所得減につながっている。ここにトリクルダウン効果は見られない。

　さらに、国内の所得格差は低所得国になるほど拡大する。欧州連合（EU）諸国では、所得が下位50％の被雇用者が総賃金の22.9％を受けとっているのに対し、サハラ以南アフリカ諸国では、その比率は3.3％に過ぎない。途上国における人々の生活水準の格差は、残酷なまでに大きく、それが縮小する気配は見えない。

　近年、アジアやアフリカの途上国においても経済発展が著しい国がある。インターネットや情報技術（IT）の普及により、あらゆるビジネスが世界とつながり、新しいニーズが生まれ、都市部ではビジネスチャンスが広がっている。学歴が高く、英語が堪能で、ITを使えこなせる人々にとっては、高収入を得る機会が少なくない。だが、学歴が低く、英語もITも使えない人々にとっては、新しいビジネスチャンスなど縁遠いものである。せっかく都市部にやってきても、単純な軽作業、肉体労働、道端の露店商などに従事するのが精いっぱいであり、貧困から抜け出すことはできない。子供が生まれても十分な教育を与えることはできず、必然的に貧しい暮らしが繰り返されてゆくことになる。社会格差が何世代にもわたり固定され、かつその格差の幅が広がってゆく可能性が高い。

　ここで、社会格差が民族の違い、あるいは信仰する宗教の違いなどによっ

て固定されると、社会不安や混乱を引き起こす原因となる。例えば、マレーシア、インドネシア、フィリピンといった東南アジア諸国では、一般に華僑といわれる中華系の人々の中に経済的成功者が多い。少数派の華僑がビジネスを成功させ、大きな富を蓄積させている。これに、地元の人々は不満を鬱積させている。また、社会格差が民族の違いだけでなく、キリスト教とイスラム教など宗教の違いにつながると、問題はさらに根が深くなる。宗教間対立をあおるようなテロリストの付け入るスキが広がるからである。

　人々の不満は、何らかの引き金を通じて、民族対立や宗教対立を引き起こしかねない。実際、1997 年のアジア通貨危機の際に、東南アジア諸国で華僑を攻撃対象とする暴動が発生した。中華系の商店や家屋が破壊され、人命が失われ、金品が強奪された。

　現状のまま、一部の都市エリートが主導する形で経済開発が進むのであれば、社会格差は広がるばかりである。いずれ、それが社会不安を大きくすることは不可避である。このままだと、将来の世代は社会不安とともに暮らすことになる。我々の子供や孫の世代が、身の回りの安全を確保できないような社会に暮らすようなことになりかねない。もしも、こうした将来につながるのであれば、現在の開発の進め方は「持続可能な開発」とはみなされないことになる。

SDGs 登場までの国際的議論

　現在の社会は、このまま持続的に発展してゆくものなのか。前節では、3 つの点から社会の持続性が不安視されていることについて整理した。こうした将来への不安を受けて、2015 年に国連の場で「持続可能な開発目標（SDGs）」が登場することとなる。

　もっとも、SDGs の考え方は、2015 年になって突然に登場したものではない。前述のように、1970 年のローマクラブ発足が引き金となり、50 年に及ぶ長い年月をかけて幾多もの議論を重ねて作り上げられた。まず初めは、1972 年の国連人間環境会議（通称：ストックホルム会議）である。この場で環境問題についての国際的議論が開始された。この会議は、地球

環境の破壊の進行への対策を協議した最初の国際会議とみなされている。環境汚染問題をはじめ、人口、食糧、資源、野生生物保護など広範な分野の問題について討議が行われ、国連人間環境宣言が採択された。そして1987年になると、前述のように「環境と開発に関する世界委員会」が「我ら共有の未来」と題される報告書をまとめ、持続可能な開発の概念を初めて提唱した。

　こうした国際的な議論を受けて、1992年には、環境と開発に関する国連環境開発会議（通称：地球サミット）がブラジルのリオデジャネイロで開催された。ここでは、地球温暖化、酸性雨といった地球環境問題が人類共通の課題と位置付けられた。「持続可能な開発」という理念の下に環境と開発の両立が目指された。

　続いて1997年になると、気候変動枠組条約締結国会議が京都で開催され、いわゆる京都議定書が採択された。この会議において、先進国に温室効果ガス排出削減目標が課されることになり、各国の削減率の数値目標が定められた。

　そして、2000年には国連のサミットの場で「ミレニアム開発目標（MDGs）」が合意された。これは、主に途上国の人的資源開発に焦点をおいた国際開発目標である。8つのゴールにより構成され、2015年までの達成が目指された。MDGsの目標は、極度の貧困と飢餓の撲滅、普遍的な初等教育の達成、ジェンダー平等の推進と女性の地位向上、乳幼児死亡率の削減など、SDGsの目標と重なるもの多く、SDGsの前身と位置付けられている。

　2010年代に入ると、開発途上国の貧困問題だけでなく、気候変動、エネルギー問題、災害、国内格差など、途上国、先進国を問わず、さまざまな問題が地球レベルで顕在化してきた。2012年6月の国連持続可能な開発会議（リオ＋20）では、環境保全と経済成長の両立を目指すことが課題として確認された。そして、地球環境保全や持続可能な開発の考え方のベースがつくられた。同会議において、「持続可能な開発目標」の構成や内容を議論するためのオープン・ワーキング・グループ（OWG）の設立が決まり、翌年1月に国連の下に設置された。2014年7月までに13回の会合が開催され、世界各国が5つの地域グループに分かれて政府間交渉を

行った。さらに、同時期に英国のキャメロン元首相などをメンバーとする首脳級のハイレベル・パネルも設立され、持続可能な開発アジェンダの構成について、国連事務総長宛てに報告書が提出された。

　そして、2015年9月、ニューヨーク国連本部において、「国連持続可能な開発サミット」が開催され、150を超える加盟国首脳の参加のもと、「我々の世界を変革する：持続可能な開発のための2030アジェンダ」が採択されることになった。同アジェンダでは、人間、地球及び繁栄のための行動計画としての宣言及び目標が掲げられた。この目標が「持続可能な開発目標（SDGs）」であり、17の目標と169のターゲットから構成されている。

表1-1　SDGs登場に至るまでの年譜

1972年	国連人間環境会議（ストックホルム会議） ・環境問題についての国際的議論が開始
1987年	「Our Common Future」発表 ・「環境と開発に関する世界委員会（ブルントラント委員会）」により持続可能な開発の概念が提唱
1992年	国連環境開発会議（地球サミット） ・リオデジャネイロで開催された国際会議 ・「環境と開発に関するリオ宣言」採択 ・「気候変動枠組条約」や「生物多様性条約」署名
1997年	京都議定書採択 ・第3回気候変動枠組条約締結国会議（COP3）が京都で開催
2000年	ミレニアム開発目標（MDGs）合意 ・途上国の人的資源開発に焦点をおいた国際開発目標。2015年までの達成が目指された。SDGsの前身
2002年	持続可能な開発に関する世界首脳会議（ヨハネスブルグ・サミット） ・1992年の地球サミットの10年後の国際会議。「リオ+10」合意
2006年	責任投資原則（PRI） ・国際連合事務総長から金融業界に向けたガイドライン ・機関投資家の意思決定プロセスにESG課題（環境、社会、企業統治）を反映させるべきと提唱
2012年	国連持続可能な開発会議（リオ+20） ・気候変動枠組条約、生物多様性条約署名 ・持続可能な開発の考え方に大きな影響
2015年	持続可能な開発サミット ・「持続可能な開発のための2030アジェンダ」採択 ・17の目標と169のターゲットからなるSDGsが合意

出所：各種資料に基づき筆者作成

SDGs の前身となった MDGs（ミレニアム開発目標）について説明する。これは、2000 年の国連サミットで合意された国際開発目標である。このサミット（ミレニアム・サミット）の場で、世界各国の指導者によって「ミレニアム宣言」が承認され、2015 年までに達成すべき期限を決めた 8 つの目標が定められた。

MDGs が登場する前の 1990 年代末は、開発途上国の重債務負担の影響が深刻化していた。1970 年代半ばから 1980 年代半ばにかけて、開発途上国の一部は、政府主導で積極的な工業化を進め、経済成長を実現させようとした。だが、積極的な工業化とは、本来、国際競争力のある農業部門を犠牲にするものであり、貿易収支の赤字を余儀なくさせた。また、政府主導の工業化は、必然的に国営部門の肥大化を招き、財政赤字が膨らんでいった。こうした経済状況を打開するため、1990 年に入って国際通貨基金などの国際金融機関主導で、貿易不均衡の是正、財政赤字の削減、国営企業民営化などを中心とする、経済の「構造調整」政策が開発途上国で導入された。

膨大な対外債務を返済するため、極端な財政削減が進められた。そのため、住民の生活に直接にかかわるような教育や保健分野の支出まで削減され、貧困層の生活が逼迫することとなった。大胆な調整策にも関わらず、国内の産業が活性化することはなく、対外債務の縮小にはつながらなかった。重債務貧困国の債務問題を解決しないと、貧困層の生活改善は実現しない。そのため、2000 年に世界規模で開発途上国の債務削減（一部では債務帳消し）が実現することとなった。

これと同時に、「構造調整」型の政策が見直された。貧困層にターゲットを定め、飢餓の撲滅、保健と教育の充実などに焦点をあてた政策介入が重視されるようになった。これを国際社会としてバックアップしたのが「ミレニアム開発目標（MDGs）」を通じた支援であった。

そのため、MDGs は、必然的に開発途上国の貧困削減に焦点があてられたものとなっている。MDGs は、下記の 8 つのゴールから構成されているが、見てのとおり、貧困・飢餓、教育、保健の分野にかかわるものが大半である。国際機関や先進諸国が開発途上国を支援する際には、こうした MDGs 目標の達成に直接に結び付くものであることが期待された。例えば、日本の援助でも、1990 年代までは高等教育や職業訓練分野の支援も多かったが、

MDGs の登場後は、ゴール 2 を達成するために初等教育普及に重点が置かれることになった。

ゴール 1 ：極度の貧困と飢餓の撲滅

ゴール 2 ：初等教育の完全普及の達成

ゴール 3 ：ジェンダー平等の推進と
　　　　　女性の地位向上

ゴール 4 ：児童死亡率の削減

ゴール 5 ：妊産婦の健康の改善

ゴール 6 ：HIV ／エイズ、マラリア、
　　　　　その他の疾病の蔓延の防止

ゴール 7 ：環境の持続可能性を確保

ゴール 8 ：開発のためのグローバルな
　　　　　パートナーシップの推進

MDGs は、国際社会の継続的な努力おかげで、その多くが順調に達成された。MDGs の最終年である 2015 年に発表された「国連ミレニアム開発目標報告[12]」によると、極度の貧困層と定義された収入が 1.25 ドル以下の人々の割合は、2015 年の期限よりも 5 年早く 2010 年に半減した。また、開発途上国における初等教育の就学率も 9 割を超えた。乳幼児死亡率など保健分野の指標でも着実な成果があった。

だが、その一方で、国際的な課題はより多様化、複雑化してきており、単に開発途上国の貧困、教育、保健だけに注目すればよい状況ではなくなってきた。地球温暖化、海洋汚染、人権侵害など、先進国、途上国を問わず、官民がともに取り組まねば問題の解決に近づかないことが明らかになってきた。これが 2015 年の SDGs の登場につながることになる。

SDGs 合意後の日本での動き

2015 年 9 月に各国の元首は、「持続可能な開発のための 2030 アジェンダ」を採択した。各国は、持続可能な開発目標（SDGs）を 2030 年までに実施することにコミットした。日本では、2016 年 5 月に内閣総理大臣を本部長とする SDGs 推進本部が内閣に設置された。副本部長は内閣官房長官及び外務大臣であり、他の全閣僚が本部員となった。SDGs 推進本部は、政府内の司令塔として、関係行政機関の緊密な連携を図り、SDGs の実施を総合的かつ効果的に推進する役割を担う。

2016 年 5 月の SDGs 推進本部の第 1 回会合において、SDGs 実施のための日本の指針を策定することが決定された。そして同年 12 月の第 2 回会合で、「SDGs 実施指針」が決定されている。

このSDGs実施指針では、まずSDGs実施に向けた次のビジョンが示された。

「持続可能で強靱、そして誰一人取り残さない、経済、社会、環境の統合的向上が実現された未来への先駆者を目指す」。

　そして、このビジョンの達成に向けた取り組みの柱として、次の8つの優先課題が掲げられた。それぞれがSDGsの17のゴールに対応している。

1．あらゆる人々の活躍の推進（ゴール1、4、5、8、10、12）

2．健康・長寿の達成（ゴール3）

3．成長市場の創出、地域活性化、科学技術イノベーション
　　（ゴール2、8、9、11）

4．持続可能で強靱な国土と質の高いインフラの整備
　　（ゴール2、6、9、11）

5．省・再生可能エネルギー、気候変動対策、循環型社会
　　（ゴール7、12、13）

6．生物多様性、森林、海洋などの環境の保全
　　（ゴール2、3、14、15）

7．平和と安全・安心社会の実現（ゴール16）

8．SDGs実施推進の体制と手段（ゴール17）

　また、この実施指針の「付表」では、これらの8つの優先課題に取り組むために、140の施策が成果指標とともに掲げられている。SDGs実施指針とその付表は、SDGsを日本の各種の計画、政策、戦略のなかで主流化するための行動計画と位置付けられる。SDGsの17のゴールと169のターゲットは、これら既存の140の施策のなかでほぼカバーされている。つまり、日本では、SDGsが登場する以前から、持続可能な社会の構築に向けて努力が続けられてきたことになる。

　なお、SDGsの推進に際しては、ステークホルダーとの連携をもとに進めることが「2030アジェンダ」では求められている。日本政府も、特定非営利活動法人（NPO）・NGO、民間企業、地方自治体、有識者などのステークホルダーとの連携を重視しており、さまざまな取り組みがある。そのなかで代表的なものは「SDGs推進円卓会議」である。これは、関係府省庁

と NPO・NGO、民間、消費者団体、労働団体などの代表から構成される会合であり、年に2回のペースで開催されている。実施指針の骨子についても、この会合で議論されている。

2017年12月の第4回SDGs推進本部会合では、「SDGsアクションプラン2018」が決定された。その内容は、「SDGs実施指針」をベースとするものであるが、新たに日本型のSDGsモデルを世界に発信することが目指された。経団連が中心として進めている「Society 5.0 for SDGs」、地方自治体向けの「地方創生」に加え、「働き方改革」、「女性の活躍推進」といった取り組みが、こうした日本の「SDGsモデル」を構成すると提案されている。さらに、この会合で、第1回「ジャパンSDGsアワード」受賞団体も決定された。

地方自治体の間でもSDGsへの関心は高まっており、地域の活性化に向けてSDGsの枠組みを利用することが有益と考えられている。これを支援するため、内閣府は、2018年度からSDGs未来都市及び自治体SDGsモデル事業の選定を行っている。2018年度、2019年度あわせて60の自治体がSDGs未来都市として選ばれた。そのなかには、SDGsモデル事業として、上限4,000万円の補助金が支給された自治体もある。

日本の「SDGsモデル」をどのように具体化するか、それをどう世界に発信するかが今後の課題である。それに際しては、民間企業、市民社会、地方自治体が大きな役割を担うことが求められる。

SDGs の構成

前述のように、SDGsはゴール、ターゲット、指標の三層から構成されている。例えば、ゴール1「貧困をなくそう」について、ターゲットと指標の一部を示すと図1-2のとおりである。ターゲットには1.1のような2桁の番号、指標には1.1.1のような3桁の番号が付いている。

本節では、ゴール、ターゲット、指標がそれぞれどのような内容なのか、相互にどう関係しているのかについて説明する。

図1-2 SDGsの構成（ゴール1の一部）

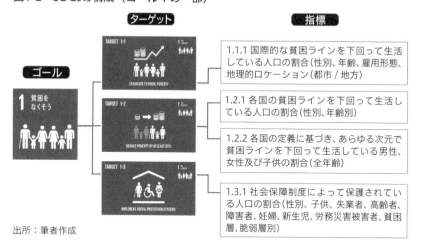

ターゲット　　　　　　　　　　指標

ゴール

1.1.1 国際的な貧困ラインを下回って生活
している人口の割合(性別、年齢、雇用形態、
地理的ロケーション(都市／地方))

1.2.1 各国の貧困ラインを下回って生活し
ている人口の割合(性別、年齢別)

1.2.2 各国の定義に基づき、あらゆる次元で
貧困ラインを下回って生活している男性、
女性及び子供の割合(全年齢)

1.3.1 社会保障制度によって保護されてい
る人口の割合(性別、子供、失業者、高齢者、
障害者、妊婦、新生児、労務災害被害者、貧困
層、脆弱層別)

出所：筆者作成

(1) ゴール

　SDGs（持続可能な開発目標）は、全部で17のゴールから構成されている。SDGsの原文は英語であり、公式な和訳は国連から発表されていない。その代わり、外務省が2015年9月に国連で採択された「持続可能な開発のための2030アジェンダ」の仮訳を作成している[13]。そのなかに17の目標とターゲットも含まれており、すべて和訳されている。また、総務省の政策統括官（統計基準担当）のサイトでは、SDGsのゴール、ターゲットに加え、指標の和訳が示されている[14]。これも仮訳という位置づけである。総務省のリストは、国連の作業部会による指標の修正などを受けて内容が更新されている。ターゲットと指標がゴールごとに整理されているので、総務省のリストのほうが資料として使いやすい。

　17個のゴールは、おなじみのカラフルなアイコンがセットになっており、それぞれのアイコンに簡潔にゴール内容が表記されている。例えば、ゴール1は「貧困をなくそう」、ゴール2は「飢餓をゼロに」、ゴール3は「すべての人に健康と福祉を」、ゴール4は「質の高い教育をみんなに」といった具合である。一般にSDGsは、こうした17個の簡潔なゴールを指すものと受け止められている。

また、17 個のゴールは相互につながっており、また重複する部分も少なくない。例えば、「貧困（ゴール 1）」と「不平等（ゴール 10）」は不可分な課題である。また「ジェンダー（ゴール 5）」は、「教育（ゴール 4）」、「雇用（ゴール 8）」などに顕在化するテーマである。一つひとつのゴールを取り上げて、戦略を検討するのはあまり意味がない。例えば、国レベルで SDGs の行動計画を策定する際に、SDGs ゴールを各省庁や部局に割り振ることがある。そうすると施策が重複する、特定課題が抜け落ちる、責任部署が曖昧になるといった問題が発生することになる。

　もともと、SDGs は官民双方の目標であるため、誰が実施に責任を負うのかが明確になっていない。しかしながら、各目標のターゲットや指標をみると、地方自治体を含めて政府部門が主導的に行動することが想定されている。例外は、ゴール 12（つくる責任、つかう責任）であり、これは有害廃棄物処理の適切化、リサイクル促進、食品ロスの減少などが主なテーマであり、民間企業側の行動への期待が大きい。

　また、ゴール 17 については、「実施手段の強化」、「パートナーシップの活性化」がテーマであり、他のゴールのように具体的な開発問題の解決を目指しているものではない。他のゴールの達成を促進するため、資金、技術、能力構築、貿易などの分野で進めるべき課題が列記されている。

　なお、持続可能な成長を実現することに賛同している本邦企業の集まりである GCNJ（グローバル・コンパクト・ネットワーク・ジャパン※15）は、会員企業に対して、どの SDGs ゴールに重点的に取り組んでいるかアンケート調査をしている。さらに、GCNJ が所属する UNGC（国連グローバル・コンパクト）では、世界レベルで同じ調査を実施している。

　2018 年度のアンケート結果は表 1-2 のとおりである。日本での調査に協力したのは GCNJ の会員企業 163 社であるが、その多くが重視するゴールは 13（気候変動）、8（働きがい・雇用）、12（消費・生産）、3（健康と福祉）、7（エネルギー）、5（ジェンダー平等）の順となっている。やはり地球温暖化など気候変動は日本企業にとっても身近なテーマと受け止められている。また、「働きがい・雇用」や「消費・生産」も民間セクターが深くかかわるゴールであり、日本企業の関心が高いのも理解できる。

UNGCの調査を見ても、世界全体でも民間企業は同じようなゴールを重視していることがわかる。順番の相違はあるが、上位6ゴールのうち5つが共通している。一方、このリストに入っていないゴール、例えば、ゴール1（貧困削減）、2（飢餓の撲滅）、ゴール10（不平等是正）、ゴール16（平和と公正）などは、民間企業にとって若干縁遠いと思われているゴールであろう。

表1-2　民間企業が重視するSDGsゴール

GCNJ調査				UNGC調査		
13	気候変動	63%		8	働きがい・雇用	49%
8	働きがい・雇用	60%		3	健康と福祉	49%
12	消費・生産	51%		5	ジェンダー平等	45%
3	健康と福祉	50%		12	消費・生産	42%
7	エネルギー	46%		9	産業と技術革新	40%
5	ジェンダー平等	44%		13	気候変動	39%

出所：「未来につなげるSDGsとビジネス」2019年3月、公益財団法人地球環境戦略研究機関

　17個のゴールの間で日本企業の関心に濃淡がある状況は、SDGsが形成されたプロセスを考えれば理解できる。前述のとおりSDGsは、2000年に合意されたMDGs（ミレニアム開発目標）をベースとしている。MDGsは、開発途上国の貧困問題への対応に焦点を当てており、飢餓の撲滅、基本的な教育・保健サービスの提供などのゴールで構成されていた。MDGsは、あくまで開発途上国の諸問題に限定された開発目標であった。一方、2015年に新たに登場したSDGsでは、新たに地球環境、労働・人権、インフラ整備、技術開発などの課題が取り込まれた。これらは、開発途上国だけでなく先進国にとっても重要なテーマであると位置づけられ、さらに官民双方が目標達成に取り組むことが期待された。

　SDGsのゴールのなかで、MDGs時代から受け継がれているものがゴール1（貧困削減）、ゴール2（飢餓の撲滅）、ゴール3（健康と福祉）、ゴール4（教育）などであり、SDGsになって新たに含まれたものがゴール13（気候変動）、ゴール8（働きがい・雇用）、ゴール12（消費・生産）などである。

日本企業にとって、前者のゴールは身近な問題としては意識されにくく、関心が後者のゴールに集中しているのは、必然のことのように思える。

(2) ターゲット

　SDGs（持続可能な開発目標）には、全部で 17 のゴールがあるが、一つひとつのゴールには、より詳細な内容を示すターゲットが添付されている。ターゲットの数はゴールによってまちまちであり、ゴール 7（エネルギー）のターゲット数は 5 個である一方、ゴール 17（パートナーシップ）は数が多く全部で 19 個のターゲットがある。こうしたターゲットの総数は 169 個になっている。

　SDGs の内容を正確に把握するためには、17 個のゴールだけを見るのではなく、それぞれのゴールの下にあるターゲットまで確認することが必要である。さもないと、ゴール 3 は「保健」、ゴール 7 は「エネルギー」といった表面的な把握にとどまってしまう。

　SDGs のターゲットは算用数字で番号がついているもの（例えば、1.1、1.2）と、アルファベットで番号付けされているもの（例えば、1.a、1.b）の 2 種類がある。前者は、17 のゴールの内容をより具体的に示したものである。一方、後者は、前者を達成するための実施手段の整備に関する内容である。実施手段の整備とは、具体的に資金の調達、技術開発、人材育成などが取り上げられる。表 1-3 にゴール 1 のターゲットの一部を例として示す。

　ゴール 1 のアイコンには「貧困をなくそう」という標語がついており、あらゆる形態の貧困を終わらせることが目指されている。だが、あらゆる形態の貧困とは具体的にどう解釈するのか明らかでない。また、そのために我々は、具体的に何をすべきなのかも示されていない。そこで、ターゲットの 1.1 では、貧困者とは「1 日 1.25 ドル未満で生活する人々」と定義され、これを減らすことが目指される。しかしながら、日本など所得水準が高い国では、この定義では貧困者がカバーされない。そこで、ターゲットの 1.2 では、「各国定義によるあらゆる次元の貧困状態」と貧困者の解釈を広げている。さらに、ターゲット 1.3 では、各国の貧困者を減らすための具

表1-3　ゴール１のターゲット（一部）

ゴール1　あらゆる場所のあらゆる形態の貧困を終わらせる
1.1　2030年までに、現在<u>1日1.25ドル未満</u>で生活する人々と定義されている極度の貧困をあらゆる場所で終わらせる。
1.2　2030年までに、<u>各国定義によるあらゆる次元の貧困状態</u>にある、全ての年齢の男性、女性、子供の割合を半減させる。
1.3　各国において最低限の基準を含む適切な<u>社会保護制度</u>及び対策を実施し、2030年までに貧困層及び脆弱層に対し十分な保護を達成する。
1.a　あらゆる次元での貧困を終わらせるための計画や政策を実施するべく、後発開発途上国をはじめとする開発途上国に対して適切かつ予測可能な手段を講じるため、<u>開発協力の強化</u>などを通じて、さまざまな供給源からの相当量の<u>資源の動員</u>を確保する。

注：下線は筆者
出所：総務省ウェブサイトより筆者作成
http://www.soumu.go.jp/main_content/000562264.pdf

体的な取り組みとして「社会保護制度」を取り上げ、その実施を求めている。

　一方、ターゲット 1.a は、前述のように実施手段の整備に関する事項が取り上げられる。ここでは、貧困を終わらせるための「開発協力の強化」や「資源の動員」などが示される。1.1、1.2、1.3 などのターゲットを達成するためには、1.a、1.b など実施手段の整備を図ることが必要であるという位置づけになっている。

　なお、ゴール 17 は、実施手段の強化そのものがテーマとなっている。そのため、全部で 19 個あるターゲットのすべてが実施手段の整備に関する課題である。このゴールに限っては、実施手段の整備に関するものであっても 17.a、17.b という番号付けはせず、17.1、17.2 とすべて算用数字で示されている。

(3) 指標

　SDGs は、ゴールとターゲットの二層構造ではなく、もう一段下にターゲットの進捗を測るための指標が存在する。一つひとつのターゲットに複

数の指標が添付されている。ターゲットによって指標がひとつ付いている
ものから、2個以上の指標がついているものがある。169個のターゲット
に対して、指標の総数は244個である。指標の中には、複数のターゲット
に共通して付けられているものがあり、重複を除くと指標数は232となる。
　指標には、ターゲットに合わせて番号が付けられている。例えば、ター
ゲット1.1の指標には1.1.1、ターゲット1.2の指標は1.2.1、1.2.2のように
示される（表1-4）。

表1-4　ゴール1のターゲットの指標（一部）

ターゲット1.1 **2030年までに、現在1日1.25ドル未満で生活する人々と定義されている極度の貧困をあらゆる場所で終わらせる**
1.1.1　国際的な貧困ラインを下回って生活している人口の割合（性別、年齢、雇用形態、地理的ロケーション〈都市/地方〉別）
ターゲット1.2 **2030年までに、各国定義によるあらゆる次元の貧困状態にある、全ての年齢の男性、女性、子供の割合を半減させる。**
1.2.1　各国の貧困ラインを下回って生活している人口の割合（性別、年齢別）

出所：総務省ウェブサイトより筆者作成
http://www.soumu.go.jp/main_content/000562264.pdf

　実は、もともとSDGsには指標までは定められていなかった。2015年
9月の第70回国連総会で採択された「持続可能な開発のための2030ア
ジェンダ」に示されているのは、SDGsの目標とターゲットまでであった。
SDGs指標は、国連統計委員会の主導で構成された「SDGs指標に関する
機関間及び専門家グループ（IAEG-SDGs）」により、別途検討が進めら
れた。同グループは、国連統計委員会が議長を務め、世界各地域の代表国
により構成されている。2017年の時点で27カ国がメンバーであり、アジ
ア地域からは、中国、インド、フィリピン、タジキスタンが選ばれてい
る。IAEG-SDGsによってSDGsのグローバル指標の枠組みが策定され、
2017年3月に開催された第48回国連統計委員会の場で、これが合意され

た。

IAEG-SDGs が策定した SDGs 指標は、前述のように総務省のウェブサイトから和訳（仮訳）がダウンロードできる[※16]。これは、あくまで世界的な標準を示したグローバル指標という位置づけであり、各国には、これを自国に適した指標へと現地化する作業が求められている。

もっとも、このグローバル指標自体が、実はまだ完全に定義されていない。依然として IAEG-SDGs による検討が続いている。すべての指標を次の三層に分類して見直し作業が継続中である。

- Tier I（第一層）：指標の概念は明確であり、国際的に確立された方法論と標準が利用可能である。指標が関連する各地域において、少なくとも50％以上の国、あるいは人口を対象として、データが定期的に集められている。例えば、「妊産婦死亡率（3.1.1）」といった指標が、これに当てはまる。定義は明確であり、多くの国でデータがとられている。

- Tier II（第二層）：指標の概念は明確であり、国際的に確立された方法論と標準が利用可能である。だが、データが定期的に集められている国は限られている。例えば、「適切に処理された固形廃棄物の比率（11.6.1）」など定義自体は明確であるが、開発途上国の中には、廃棄物の収集が制度化されておらずデータを集められないところが少なくない。

- Tier III（第三層）：指標に関して国際的に確立された方法論や基準がない。方法論や基準が現在開発中である。例えば、「適切に処理された有害廃棄物の割合（12.4.1）」については何をもって測るのか合意がない。さらに、「違法な資金フローの合計額（16.4.1）」についても解釈が定まっていない。

2019 年 9 月の時点で、Tier I に入る指標は 104 個、Tier II は 89 個、Tier III は 33 個、そして複数の Tier に入る指標が 6 個となっている[※17]。

SDGs のモニタリング

SDGs に合意した国々では、政府が SDGs 指標を用いて各ターゲットの達成状況を確認する必要がある。そして、モニタリング結果を公表する

ことが求められる。もっとも前述のように、SDGs 指標はすべてが明確に定義されているわけではなく、各国政府は自国の事情に合わせて指標を「現地化」することが求められている。

SDGs が登場したのは 2015 年であり、既に数年が経過している。世界各国で SDGs 指標に基づく進捗状況の確認作業が進んでいる。原則として各国が同じ指標を用いてデータ収集をしているため、ゴールやターゲットごとに国々の状況の比較をすることが可能となる。

日本における SDGs のターゲットごとの進捗状況については、外務省のウェブサイトの中で報告されている[※18]。ウェブサイト上で SDGs ゴールの 17 のアイコンのどれかをクリックすると、ゴールごとに各ターゲットの達成状況が時系列で示される。国連作業部会が設定した SDGs 指標は同サイトでは「グローバル指標」と名付けられ、それぞれの定義と指標によっては、日本における「現地化」の状況について説明がある（図1-3）。

この外務省ウェブサイトは、わかりやすい構成であり説明も丁寧である。だが、データのない指標も少なからず存在する。例えば、ターゲット 1.2（各国定義による貧困を半減させる）の指標 1.2.1「各国の貧困ラインを下回って生活している人口の割合（性別、年齢別）」については、「現在、提供できるデータはありません」とされている。また、公共交通機関へのアクセスに関するターゲット 11.2 の指標 11.2.1「公共交通機関へ容易にアクセスできる人口の割合（性別、年齢、障害者別）」についても同様である。

さらに、もともと Tier III（第三層）に区分されている指標については、「国際的な合意を得た定義又は算出方法が国連から公表されていない指標」として報告対象になっていない。「2020 年に予定している指標の包括的見直しの候補とされている指標」と区分されているものも、データは示されていない。

一方、SDGs の進捗状況に関するデータ収集と開示は、日本を含めた各国政府のみならず、さまざまな民間団体も独自に進めている。例えば、ドイツのベルテルスマン財団と持続可能な開発ソリューション・ネットワーク（SDSN）は、世界各国の SDGs 達成状況を分析した報告書「Sustainable

図1-3　日本のSDGs進捗状況の報告（例：ターゲット6.1）

ターゲット	
6.1	2030年までに、全ての人々の、安全で安価な飲料水の普遍的かつ平等なアクセスを達成する。

グローバル指標

6.1.1　　安全に管理された飲料水サービスを利用する人口の割合

定義*　水道事業により給水されている人口の割合

詳細集計	単位	2010	2011	2012	2013	2014	2015	2016	2017	2018
–	%	97.5	97.6	97.7	97.7	97.8	97.9	97.9	–	–

*「指標名」と定義は異なる場合があります。詳しくは「作成方法」をご確認ください。

出所：外務省ウェブサイト
https://www.mofa.go.jp/mofaj/gaiko/oda/sdgs/statistics/goal6.html

Development Report」を毎年発表している。その中で「SDGs ダッシュボード」という手法を用いて、各国の達成状況をゴールごとに整理している。図1-4（40頁）のように5色で各国の達成状況や改善傾向を図示している。

　　緑：既に達成されたゴール

　　黄：若干の課題が残っているゴール

　　橙：大きな課題が残っているゴール

　　赤：深刻な課題が残されているゴール

　　灰：データ入手不可能なゴール

　2019 年版の報告書[19] によると、日本の場合は、ゴール4（質の高い教育をみんなに）とゴール9（産業と技術革新の基盤をつくろう）が「緑」に区分されている。反対に、ゴール5（ジェンダー平等を実現しよう）と、ゴール12（つくる責任、つかう責任）、ゴール13（気候変動に具体的な対策を）、ゴール17（パートナーシップで目標を達成しよう）が「赤」の評価である。達成状況の指数付けも行っており、日本は78.9点で世界15位

であった。ちなみに世界1位はデンマークで85.2点であった。

　SDGsダッシュボードにおいて、SDGsの達成状況をターゲットレベルでなくゴールごとにまとめて整理しているところは、かなり大胆なアプローチである。各国の指標の定義やデータの入手可能性も異なっているだろうし、横並びで比較することが困難との見方もあろう。だが、このように色付けされると、各国の進捗状況に対する関心は必然的に高まる。例えば、日本がゴール5（ジェンダー平等を実現しよう）で遅れていることは、ダッシュボードの上で一目瞭然である。SDGsへの意識を高め、取り組みを普及させるうえで、こうした国際比較のツールは使い勝手がよい。

図1-4　SDGsダッシュボード（一部）

	貧困をなくそう	飢餓をゼロに	すべての人に健康と福祉を	質の高い教育をみんなに	ジェンダー平等を実現しよう	安全な水とトイレを世界中に	エネルギーをみんなにそしてクリーンに	働きがいも経済成長も	産業と技術革新の基盤をつくろう	人と国の不平等をなくそう	住み続けられるまちづくりを	作る責任 使う責任	気候変動に具体的な対策を	海の豊かさを守ろう	陸の豊かさも守ろう	平和と公正をすべての人に	パートナーシップで目標を達成しよう
	1	2	3	4	5	6	7	8	9	10	11	12	13	14	15	16	17
ハンガリー	●	●	●	●	●	●	●	●	●	●	●	●	●	●	●	●	●
アイスランド	●	●	●	●	●	●	●	●	●	●	●	●	●	●	●	●	●
アイルランド	●	●	●	●	●	●	●	●	●	●	●	●	●	●	●	●	●
イスラエル	●	●	●	●	●	●	●	●	●	●	●	●	●	●	●	●	●
イタリア	●	●	●	●	●	●	●	●	●	●	●	●	●	●	●	●	●
日本	●	●	●	●	●	●	●	●	●	●	●	●	●	●	●	●	●
韓国	●	●	●	●	●	●	●	●	●	●	●	●	●	●	●	●	●
ラトビア	●	●	●	●	●	●	●	●	●	●	●	●	●	●	●	●	●
リトアニア	●	●	●	●	●	●	●	●	●	●	●	●	●	●	●	●	●
ルクセンブルク	●	●	●	●	●	●	●	●	●	●	●	●	●	●	●	●	●
メキシコ	●	●	●	●	●	●	●	●	●	●	●	●	●	●	●	●	●
オランダ	●	●	●	●	●	●	●	●	●	●	●	●	●	●	●	●	●

出所：“Sustainable Development Report 2019”, SDSN and the Bertelsmann Stiftung.
より筆者作成

2章

なぜ民間企業にとって
SDGsが重要なのか

SDGs に取り組む外的・内的要因

　SDGs とは、2015 年 9 月の国連総会で採択された『我々の世界を変革する：持続可能な開発のための 2030 アジェンダ』の中で示された、2030 年に向けた国際的な開発目標である。前身の MDGs（ミレニアム開発目標）とは異なり、開発途上国と先進国の双方のコミットメントが求められる。また、国際機関や各国政府だけではなく、民間部門も主体的に行動することが要請される。もっとも、SDGs は単なる開発目標であり、行動の指針は示されるものの拘束力はない。SDGs の行動計画を作成することも、それに従って政策を遂行することも、各国政府の自主的な判断にゆだねられている。

　ましてや民間の企業にとって、SDGs に取り組むことはまったく任意であり、何の義務もない。SDGs のテーマなど考慮せずに経営を続けたとしても、特にペナルティを受けることはない。しかしながら、今日数多くの企業が SDGs に強い関心を示すようになっている。経営戦略のなかで SDGs を位置づけるべく試行錯誤を続けている企業が増えてきている。この傾向は 2018 年くらいから顕著になっている。

　民間企業の SDGs への関心は、日本だけの傾向ではない。PwC が 2018 年に世界 21 カ国の大手 729 社に実施した調査[20] によると、SDGs をサステナビリティレポートや年報の中で取り上げている企業は 72%、SDGs の優先課題を特定した企業は 50%、SDGs 目標に関連した成果指標（KPI）を設定している企業は 23% ということであった。前年の調査と比較すると、世界の大手企業の SDGs への関心は徐々に高まってきていることもわかった。

　SDGs は国際的な開発目標であり、「貧困」とか「飢餓」とか「地球環境」といったテーマは、民間企業のビジネスとは直接はつながらないように見える。各社がフィランソロピー（慈善）として公益的な活動に取り組んできたことは今までもあった。だが、企業が本業で社会・経済開発に取り組んだり、成果指標まで設定したりする例は過去にあまり見られなかった。それは、なぜか。本章では、民間企業が SDGs に取り組む理由を、企業

外部からの働きかけと企業自身のメリットの2つのタイプに分けて説明する。外部からの働きかけとしては、「地球温暖化」、「人権と労働問題」、「資金調達」が主なものである。一方、企業自身のメリットとしては、「財務パフォーマンス」、「リスクと機会の把握」、「ブランディング」が挙げられる。

外部からの働きかけ

(1) 地球温暖化からのつながり

　民間企業のビジネスとSDGsとの関係で一番わかりやすいのは、地球温暖化からのつながりであろう。SDGsの登場前から地球温暖化の問題は専門家や有識者の間で広く懸念されていたが、今では日本でも身近な日常の話題になっている。地球温暖化の要因は温室効果ガスの放出であり、温室効果ガスの中で最も大きな割合を占めるのは二酸化炭素である。温室効果ガス総排出量に占めるガス別内訳をみると、二酸化炭素が76％と大半を占める。この二酸化炭素の排出は、石油や石炭といった化石燃料を起源するものが65％、森林減少や山火事によるものが11％となっている[21]。つまり、石油石炭の大量の燃焼が、温室効果ガスの排出量を急増させ、地球温暖化に拍車をかけている。

　SDGsに続いて、2015年12月に第21回気候変動枠組条約締約国会議において「パリ協定」が採択されたが、ここで、産業革命前からの世界の平均気温上昇を「2℃未満」に抑える、加えて、平均気温上昇「1.5℃未満」を目指すことが確認された（第2条1項）。化石燃料の消費抑制に関し、特に欧州政府の動きは早く、例えば、ガソリン車・ディーゼル車は、2030年から2040年にかけて各国で販売禁止が決定されている。中国政府もガソリン車の段階的廃止を検討している。

　こうした状況下では、化石燃料の利用を前提とするビジネスは成立が難しくなる。ガソリン車のような製品を製造しても販売する市場がなくなってゆく。ガソリン車がなくなればガソリンスタンドも不要になる。また、大量の化石燃料を利用する製品も次第に市場から排除されてゆく。例えば、仮に某欧州企業がサプライチェーン全体を通じて、二酸化炭素排出量の削

減を目指しているとする。もしも、この企業に製品を納めている日本企業が、製造過程で化石燃料を大量に利用しているならば、サプライチェーンにおいて当該企業からの調達は見直されることになろう。

　すなわち化石燃料に依存するビジネスは中長期的に「持続可能」でないことになる。反対に、温室効果ガスの排出が少ない再生可能エネルギーを活用するビジネスは、地球温暖化を緩和するうえで大いに歓迎され、中長期的に持続可能である。ここで、地球温暖化という視点から地球環境の持続性と、企業の持続性が重なることになる。

　将来の地球温暖化対策の進捗によって、化石燃料の利用が減少し、その価値が下がってゆくことも想定されている。資源として埋蔵されていても、それを原材料として使うことが難しくなる。存在していても誰にも利用されない。これは暗礁に乗り上げてしまった船になぞらえて、「座礁資産」と呼ばれる。たとえ東京湾の海底に大きな油田が発見されても、座礁した大型船のようなものであり、誰もそれ利用することはできない。利用が減少する石油資源に基づくビジネスも、同時に成り立たなくなる。

(2) 人権と労働問題

　近年の技術革新を通じた経済成長により、さまざまなビジネス機会が登場し、開発途上国でも都市部を中心に富裕層が拡大している。その一方、こうした機会をつかむことができず、従来のままの貧しい生活を続けている人々も少なくない。貧困層の中には、人身取引や借金などを通じて、劣悪な労働環境のもとで低賃金労働を強いられるケースもある。ILO の推定では、2016 年の時点で、世界全体で約 2,500 万人が強制労働の被害者となっている[22]。同じ ILO の調査によると、児童労働も深刻な課題であり、世界全体で 5 〜 17 歳の子どもの約 10 人に 1 人に当たる 1 億 5,200 万人が十分な教育機会を与えられないまま労働力として使われている[23]。

　強制労働や児童労働に対する国際的な非難は次第に高まっており、これに関わる企業には、社会から厳しい目が注がれるようになっている。スマートフォンや SNS の普及によって、アジア諸国の一工場の労働問題が容易に世界に広まることになる。特に世界的なブランドの製品の製造と関わっ

ていたとしたら、それはあっという間であろう。ブランドが著名であれば
あるほど、人々のショックや反感は強く、ビジネスへの影響は避けられな
い。

　ひとつの象徴的な出来事は、2013年に起きたバングラデシュのビル崩
落事故である。首都ダッカにある8階建ての「ラナ・プラザ」ビルが崩落
し1,000人以上が犠牲になった。バングラデシュは世界の縫製工場であり、
このビルにも27のファッションブランドの縫製工場が入っていた。この
事故で犠牲になった人の多くは、その工場で働いていた若い女性たちで
あった。事故の原因は、ずさんな安全管理であり、同ビルは耐震性を無視
した違法な増築を繰り返していた。この事故により世界展開する欧米や日
本のファッションブランドが、現地の労働者を低賃金で、かつ劣悪な環境
下で働かせていた状況が浮き彫りになった。事故後に、当該ブランド側は
現地の労働環境を把握していなかったと説明した。だが、こうした説明に
対する消費者側の反感は大きく、当該ブランドの不買運動などが展開され
た。この事故以降、多国籍企業に対しサプライチェーン上の人権問題を把
握し、これに責任をもって対応することが強く求められることになる。

　こうした状況を受けて、英国では、2015年に「現代奴隷法（Modern
Slavery Act）」が制定された。「奴隷」など300年前の話かと思うが、現
代奴隷とは、人身売買や借金などにより本人の意思に反して強制労働され
ている労働者のことであり、児童労働も該当する。法律の適用対象は、英
国で事業展開しており、世界での年間売上高が3,600万ポンド（約50億円）
以上の企業である。当然、在英本邦企業も含まれる。当該企業は、自らの
サプライチェーン上で奴隷労働が存在するかどうかについて把握し、「奴隷
と人身取引に関する声明」を毎年作成しなければならない。そして、この
声明を自社のウェブサイトの目立つ場所にリンク付けすることが求められ
る。

　この法律の特徴は第一に、企業にサプライチェーン上の状況の確認を求
めていることである。自社の事業所や工場だけをチェックすれば済むので
はなく、国内外の下請け、孫請け、調達先、廃棄物処分場などを含む、す
べての事業所が確認対象となる。多国籍企業がサプライチェーン上の状況

を把握すべきという考えは、2011年の「OECD多国籍企業行動指針[※24]」にも示されている。この法律は、OECDのガイドラインの実効性の確保につながる。

　仮に、英国内で製品販売する日本のアパレルメーカーが、東南アジアの縫製企業に生産を委託していたとする。あるいは、同様に英国市場をマーケットとする日本の食品企業が、南アジアのプランテーション農園から原材料を調達していたとする。こうした日本企業は、現地の企業や農園と資本関係があるなしに関わらず、強制労働や児童労働のリスクの有無を確認しならないことになる。それができなければ、英国市場から排除されることになりかねない。なぜなら、日本製品を販売する英国の小売商にとって、自らのサプライチェーン上にある日本企業の状況は、他人事では済まされないからである。人権面の情報開示ができない日本企業とは、取引を続けることができない。

　第二の特徴は、「声明」をウェブサイトなどで公開することを義務付けている点である[※25]。人権問題に関する国際的な関心の高まりを受け、人々の目に晒されることを通じて、企業の行動に影響を与えてゆこうという意図がある。特に、グローバル展開する大手企業にとって、世界の人々にどのように見られるかは大きな問題である。世界の人気のあるブランド製品が、開発途上国の児童労働によって製造されているとわかれば、特にミレニアム世代と言われる若年層にとってショックは大きい。SNSを通じて当該製品の国際的な不買運動が一気に展開することになるかもしれない。多国籍企業にとって、罰金などを科されるよりも、より大きなプレッシャーになろう。

　2015年の英国現代奴隷法は、他の国々にも広がりを見せている。フランスでは2017年にフランス人権デューディリジェンス法が制定され、豪州でも2019年に現代奴隷法が施行されることになった。今後、より多くの国でこうした法令が導入されてゆくと考えられる。

　グローバル展開する企業にとって、サプライチェーン上の人権や労働問題に目を向けないことは大きな事業リスクになる。現状を把握し、問題が明らかになった場合は、これに適切に対処しなければならない。対応が遅

れたままだと、世界の市場から次第に排除されてゆくことになろう。逆に、こうした問題に早くから注目し、事前に適切な対策を講じている企業は、将来にわたり持続的に事業を展開してゆけるだろう。

　強制労働や児童労働の根絶は、SDGs のゴール 8、特にターゲット 8.7 において取り上げられている課題である。サプライチェーン上の人権状況のチェックという行動を通じて、民間企業のサステナビリティと SDGs の達成はつながることになる。

(3) 資金調達

　SDGs が国連総会で採択されたのは 2015 年であったが、その 9 年前の 2006 年に当時の国際連合事務総長であるコフィー・アナンが「責任投資原則（PRI：Principles for Responsible Investment）[26]」を金融業界に対して提唱した。この原則において機関投資家に、ESG（Environment、Social、Governance）課題という概念を用いて、環境、社会、ガバナンスの 3 つの観点から投資判断することが提唱された。責任投資原則は、法的拘束力のない任意の原則である。だが、同原則に賛同する機関は徐々に増加し、2018 年には、全世界で 2,000 以上のアセットオーナーや運用会社などが同原則に署名している。

　日本でも 60 機関以上が同原則に署名しているが、象徴的であったのは、2015 年に年金積立金管理運用独立行政法人（GPIF）がこれに署名したことであった。署名後に GPIF は、資金運用に際して「ESG 指数」を採用するとともに、2017 年に投資運用原則を改正し、すべての資産で ESG の要素を考慮した投資を進めることを表明した。この指数の採用を受けて、多くの投資家が ESG 投資に取り組むこととなった。

　世界における ESG 投資の規模は拡大している。2017 年末時点の世界全体の ESG 投資残高は 31 兆ドルで、2015 年末の 23 兆ドルから 34％増加した[27]。ESG 投資の割合は、欧州市場では既に 5 割を占めており、日本でも 18％に達する勢いである。日本政府も ESG 投資を後押ししている。金融庁が策定した「日本版スチュワードシップ・コード」と、同庁と東京証券取引所が取りまとめた「コーポレートガバナンス・コード」は、それ

それ ESG 投資を後押しする内容となっている。

ESG 投資と似た概念として「社会的責任投資（SRI：Socially Responsible Investment）」がある。これは、経済状況以外の社会的・倫理的価値観に基づいて、企業の投資先を選択して投資する手法と解釈されている。例えば、1920 年代に米国のキリスト教教会が資産運用を行う際、たばこ・アルコール・ギャンブルなどの業種を投資対象から排除したが、これが社会的責任投資の先駆けといわれている。日本では、この投資はあまり浸透することがなかったが、その背景には、社会的責任を考慮することは投資家の利益を最優先することにつながらないという否定的見方があった。

一方、ESG 投資は、投資家の利益を損なうものではなく、むしろ、その中長期的な安定を図るものと考えられている。とりわけ、近年の社会の持続性への懸念を背景に、社会や環境を意識した投資は、中長期的な財務リターンも高く、また、投資リスクが小さいと判断されるようになった。社会や環境の持続的開発に寄与するから投資するのではなく、こうした貢献が著しい企業は、長期的に安定して成長する可能性が高いと判断され、投資対象となる。これが ESG 投資の考え方である。

また、近年になり、責任投資原則の考え方は、機関投資家以外の金融サービス業にも広まってきている。2019 年には、国連環境計画・金融イニシアティブ（UNEP FI）が「責任銀行原則（PRB：Principles for Responsible Banking）[28]」を提唱した。既に世界 49 カ国から 130 行あまりの銀行が、これに賛同している。これらの銀行の運用資産総額は、世界の銀行全体の 3 分の 1 の資産を占める。投資だけでなく、融資の分野でも ESG への貢献が判断基準となりつつある。さらに、保険分野にも ESG の考え方は浸透している。上記の国連環境計画金融イニシアチブは、損害保険企業向けに「持続可能な保険原則（PSI：Principles for Sustainable Insurance）[29]」を作成し、損害保険業界に ESG に配慮した商品開発やサービス提供を求めている。

社会や環境の持続性を考慮せず、これに積極的に取り組まないビジネスは、金融機関にとって長期的に持続性に欠けると判断される。そして、投

ESG と SDGs との関係

ESG と SDGs は、それぞれが社会や環境の持続性を注視する概念である。日本では、SDGs の合意と、GPIF が PRI に署名したのがともに 2015 年であったこともあり、ESG 投資と SDGs が同じタイミングで関心を集めてきた。こうした状況もあって、ESG と SDGs との関係には当初から注目が集まり、両者は同じものなのか、違うものなのか、さまざまな場面で議論があった。

こういった疑問に答えるため、GPIF は、ウェブサイトにて「ESG 投資と SDGs のつながり※30」について説明している（図 2-1）。GPIF によれば、企業が SDGs に賛同して事業活動を展開することは、当該企業の中長期的な価値を高めることになる。企業価値の持続的向上は、GPIF にとっては長期的な投資リターンの拡大につながる。つまり、GPIF による ESG 投資と、投資先企業の SDGs への取り組みは、表裏の関係にあるとのことである。

世界で ESG 投資がますます活発になっているものの、いまだ ESG には標準的な定義が存在していない。E（環境）では、地球温暖化対策や生物多様性の保護などが注目され、S（社会）では、サプライチェーン上の人権やジェンダー平等といった問題が焦点になる。G（ガバナンス）では、法令順守や情報開示などが取り上げられている。だが、具体的にどういった点が詳細にチェックされるかは評価機関側の判断であり、共通の判断基準はない。

一方、SDGs は 17 のゴール、169 のターゲットが当初から定まっており、何が対象となっているのか明確である。だが、もともと開発途上国の人的資源開発を目的とした MDGs や、地球サミットでの宣言などを背景にしていたこともあり、企業の事業活動や投資

図2-1　GPIFの整理によるESG投資とSDGsとのつながり

社会的な課題解決が事業機会と投資機会を生む

出所：GPIFウェブサイトより筆者作成

家の判断基準にはそぐわないテーマも含まれている。例えば、「飢餓の撲滅（2.1）」、「低所得層の所得向上（10.1）」、「自然災害への適応能力強化（13.1）」といったテーマは、民間企業が取り組むには大きすぎる。反対に、ESG投資で注目されるテーマであっても、SDGsの中で取り上げられていないものも存在する。特にG（ガバナンス：企業統治）に関わる項目のいくつかは、SDGsという国際的な開発目標とは関係が薄い。

ESG（及びPRI）とSDGsは、それぞれ社会や環境の持続性を志向するものであり、国連のような国際社会で提唱された概念であるという点で共通する。お互いが注目するテーマにも重複が多い。だが、それぞれが議論された背景も、国際社会での位置づけも異なる。それぞれの意味や背景を十分に把握したうえで、企業、社会、環境の持続性の検討や議論を深めるために2つの概念を活用してゆくことが必要である。

資や融資などの対象から除外されることになる。資金調達という観点から、企業の持続性と社会と環境の持続的開発とがつながることになる。

企業自身のメリット

（1）財務パフォーマンス向上

　企業がSDGsの達成に積極的に取り組む理由は、企業自身の中長期的な価値創造や持続性の確保を意図しているからである。10年、20年、30年後に予見される社会、経済、環境面のリスクに備え、開発課題にソリューションを提供することが、企業にとっての持続的な発展につながると受け止められている。

　しかしながら、企業がSDGsの達成に向けて努力を重ねても、これが短期的な利益として目に見える形で現れないこともある。SDGsを狭義の社会貢献を狙った慈善活動と混同し、これへの取り組みをコストと捉え、その推進に否定的な見解を示す経営幹部がいても不思議ではない。

　こうした否定的見解に対するうえで、おそらく最も有効な方策は「SDGsに取り組むと財務パフォーマンスが向上する」という証拠を示すことであろう。SDGsへの取り組みは、決してコストではなく、将来の企業価値を

向上させる効果があるが、それだけでなく短期的にも財務面でメリットがあると示せば、経営幹部全体の同意を得られやすかろう。

こうした社内状況を意識したものではなかろうが、SDGs推進派にとって格好の材料が2019年12月に日本経済新聞社から提供された[31]。同社は、上場企業など国内637社についてSDGsへの取り組み状況を調査し、経営を「環境価値」や「社会価値」など表2-1の4つの視点で評価し、総得点を偏差値で格付けした。

表2-1　SDGs取り組みの総合評価を算出上の4項目

SDGs戦略・経済価値	SDGsの方針策定や推進体制、社内外でのコミュニケーション、業績への貢献など5指標
社会価値	人権尊重、消費者が抱える課題への対応、ダイバーシティ推進など5指標
環境価値	温暖化ガス、電力消費、廃棄物の抑制や気候変動、資源、生物多様性への対応など6指標
ガバナンス	取締役の構成や業績連動報酬などをまとめた1指標

出所：日本経済新聞・電子版（2019年12月3日付）

4項目の評価を単純合算し、総合評価を作成した。そして各社の評価点と財務指標を比較した。その結果、SDGs経営調査で評価点（偏差値）の高かった企業は、ROE（自己資本利益率）や売上高営業利益率といった収益力が比較的強いことがわかった（図2-2）。

図2-2　SDGs取り組みと収益力との関係

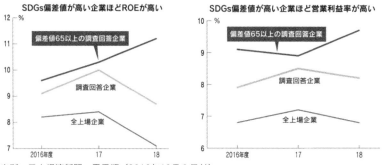

出所：日本経済新聞・電子版（2019年12月2日付）

本来、SDGs への取り組みは、企業の中長期的な価値創造を目的とするものであり、短期的な収益力強化を意図するものではない。両者に正の相関関係があるという調査結果は、論理的に明解な説明が伴うものではないだろう。また、いわゆる「鶏が先か、卵が先か」というジレンマもある。SDGs に積極的に取り組んでいるから収益力が強いのか、そもそも収益力が強い企業だから SDGs に積極的に取り組む余裕があるのか、どちらかわからない。だが、こうした調査結果は社内の SDGs 推進派にとって、格好の説得材料になることは確かであろう。

　実は、企業の SDGs 取り組みや CSR 活動と、当該企業の財務パフォーマンスとの関係は、多くの研究者が興味を示している分野であり、これまでに多くの研究が行われてきた。ESG 投資が経済的価値を得ることにつながるのかについても、さまざまな実証研究が行われている。

　例えば、Martiniet.al（2013）[※32] は、ストックス欧州 600 指数のストックス社が示す「Stoxx Europe Sustainability index」データを利用して、CSR のパフォーマンスと当該企業の企業価値（トービンの Q）、企業収益（ROA、ROE など）との関係を検証している。対象期間は 2007 〜 2010 年の 4 年間であり、153 社のデータが得られた。計量分析の結果、CSR 活動に積極的に取り組んでいる企業は、株式投資リターンが大きく、財務パフォーマンスも優れていることが明らかになった。特に、金融危機時において CSR 戦略を実施している企業のほうが、財務パフォーマンスが良好である傾向も判明した。

　また Laskar（2018）[※33] は、日本、韓国、インド、インドネシアの 4 カ国の企業データを用いて、アジア企業を対象に同様の検証を行った。調査対象期間は 2009 〜 2014 年であり、4 カ国における金融機関を除く上場企業 111 社（日本企業は 36 社）が対象となった。各社の CSR への取り組みは、それぞれのサステナビリティレポート（GRI 準拠）での情報開示状況をもって計られた。この数値と各社の時価対簿価比率（MBR: market-to-book ratio）との関係が計量分析された。その結果、サステナビリティレポートの情報開示の充実度と、各社との財務パフォーマンスにはポジティブな相関関係があることがわかった。4 カ国の間では、比較的

所得水準の高い日本と韓国企業において、その関係が特に明白に表れた。

　このように、企業のSDGs取り組みと財務パフォーマンスとの間に正の相関関係を見出す研究は多くある。だが、その一方で、両者の間には有意な差は見られないとの結果を示す研究も少なくない。実際のところ、現時点でこの2つの関係には統一的な見解が見出されてはいない[34]。

　少なくとも、これまでの実証研究の結果、CSR活動と財務パフォーマンスとの間には、マイナスの関係は見られないことが概ね確認されている。SDGsへの取り組みは、決して財務業績を犠牲にするものではなく、投資家の利益に反する行為でもない。SDGsへの取り組みに否定的な見解に対しては、こうした実証研究を使って説明するのが適当であろう。

(2) リスクと機会の把握

　地球温暖化、少子高齢化、米中経済摩擦など我が国を取り巻く社会、経済、環境は、年々厳しいものになっている。人工知能（AI）、モノのインターネット（IoT）といった技術革新によって、将来の生活や産業構造がどのようなものになるのかイメージもつかめない。平成の30年間に上場企業の倒産は200件を超え、負債総額は20兆円に達したと言われる。現時点で安定している企業であっても、令和の時代を通じて持続的に成長してゆく保証はない。

　企業が将来どのような状況におかれ、どういった役割を担うことになるのか、社会における存在意義はどこに見出せるか、早くから考えてゆく必要がある。そのためにSDGsは格好の参考資料となる。世界の有識者や実務者が、これまで何年もかけて今後の地球課題を議論してきた結集がSDGsである。SDGsの17のゴールと169のターゲットを見れば、これからの社会で何が問題となってゆくのかわかる。SDGsを参照することにより、自社のリスクはどこにあるのか、自社は、どのような問題にソリューションを提供する機会があるのか、考えることができる。

　例えば、地球温暖化を阻むため、温室効果ガスの排出抑制が強く要請される。ゴール7（ターゲット7.2）では、再生可能エネルギーの利用拡大が目指される。もしも自社のビジネスが化石燃料に大きく依存して

いるのであれば、これは将来に大きなリスクとなる。2025年から2040年にかけて欧州諸国は、ガソリン車とディーゼル車の新車販売を禁止する予定であるが、これは、当該車種を主力とする自動車メーカーにとって大きなリスクである。その一方で、電気自動車や再生可能エネルギーを使う他の移動手段を開発することができれば、これは、自動車メーカーにとって新たなビジネスチャンスとなる。

　社会面の課題についても同様である。日本企業、特に機械・機器メーカーは、男性の技術者や技能者に依存しているところが多い。今後、少子化がさらに進むにつれて、男性の若手人材確保がますます困難になることは十分に予想され、これも経営リスクとなろう。理科系の女性の人材登用を意図的に進めることは、こうしたリスクに備えるものであり、ゴール5（ターゲット5.5）の達成に寄与する。さらに、技術開発に女性の視点を加えることで、新たな商品開発につながり、従来になかったマーケットが開拓されるなどして、新たなビジネスチャンスが生まれるかもしれない。

　社会の課題解決と企業利益の創出を同時に達成するという見方は、新しいものではない。日本には、近江商人の経営哲学として「三方よし」という表現があった。これは、「売り手によし、買い手によし、世間によし」という意味である。商売において売り手と買い手が満足するのは当然であり、社会に貢献できてこそ良い商売であるという考え方がある。

　さらに、米国の経済学者マイケル・ポーターは、共有価値の創造（CSV：Creating Shared Value）という概念を紹介し、企業による経済利益活動と社会的価値の創出を両立させる経営戦略のフレームワークを提案した。社会的な課題とはビジネスの機会そのものであり、この課題解決がイノベーションを創出する源泉であると主張される。このCSVの考え方を早くから取り入れ、事業活動の骨幹と位置付けている企業がネスレである。同社は、事業が社会と最も深く交わる分野として、栄養、農村開発、水の3分野を取り上げ、社会的価値と事業価値の両者の創出に向けて事業展開している。日本企業の中では、キリングループの取り組みが際立っている。同社は、「酒類メーカーとしての責任」を前提に、「健康」、「地域社会・コミュニティ」、「環境」を重点課題として選定し、SDGsを参照しながら「CSV

コミットメント[※35]」を策定している。

SDGsのターゲットを一つひとつチェックすることで、自社にとっての中長期的なリスクがどこにあるのか、あるいは課題解決にどのようなソリューションを提供できるか検討することができる。

(3) ブランディング

ミレニアム世代と呼ばれる平成初期に生まれた世代は、社会や環境の持続可能性について関心が高いといわれる。廃棄プラスチック、海洋ごみ、社会格差、子供の貧困といった問題に強い興味を示している。若い世代が将来の持続性に危機を覚えるのは当然である。10年後、20年後、30年度は同世代にとっては、まさに現役で活躍している時期になる。2019年の国連気候行動サミットにおいて、スウェーデンの若き環境活動家グレタ・トゥーンベリさんが、涙ながらに怒りのスピーチをしたことは記憶に新しい。

こうした世代にとって、企業がSDGsに前向きに取り組んでいるかについては、大きな関心事である。商品やサービスを購入するうえで、SDGsへの関与を示す企業が選好される。なぜなら将来の社会、環境にネガティブなインパクトを及ぼしかねない企業の製品を購入することは、自分自身の将来の生活に影響を与えるからである。あるいは就職活動生が就職先を考える際も、SDGsへの取り組み状況がチェックされる。持続的開発に向けたシナリオを示すことができない企業に就職しても、未来が見えないからである。SDGsに後ろ向きの企業は若い世代の関心を集めることができず、市場から徐々に排除されてゆくことになりかねない。

反対に、SDGsへの取り組みを明確に示すことができれば、若い世代の注目を引き付け、ブランド価値を高めることになる。また、意欲のある若くて優秀な人材を引き寄せることもできる。SDGsへの取り組みは、企業のブランディングのうえでもツールになる。

もっともSDGsにはISOなどと異なり、認証基準のようなものがあるわけでない。SDGsのロゴの利用も許認可が必要ではなく、国連が定めたガイドライン[※36]に従えば、誰でも使うことができる。そこで、企業の

SDGsへの貢献を評価するため、日本では、特定企業や団体を表彰する制度がつくられている。日本政府（SDGs推進本部）は、2017年に「ジャパンSDGsアワード」を創設した。これは、SDGsの達成に向けて優れた取り組みを行う企業・団体などを表彰するための制度である。SDGs達成に「極めて顕著な功績があったと認められる企業・団体など」は内閣総理大臣からSDGs推進本部長賞が与えられる。いまだ受賞企業の数は限られているものの、こうした表彰制度がSDGsに貢献する企業のブランディングに役立つものであろう。

　これに類する制度は自治体レベルでも導入されている。例えば、長野県は、2019年に「長野県SDGs推進企業登録制度※37」を創設した。これは、「環境」、「社会」、「経済」の3側面を踏まえ、企業などが経営戦略としてSDGsを活用することを支援する制度である。初年度には2回の応募を受け付け、合計で162の企業や団体がSDGs推進企業として登録された。登録企業、団体は、自らのSDGsへの取り組みが県のウェブサイトで紹介される。また、長野県が作成した独自のSDGsマークをホームページやパンフレット、名刺などに利用することが認められる。

　SDGsに認証などがない状況下で、真摯にSDGsに取り組む企業を政府や自治体が表彰、登録することは、当該企業のブランド力を高めるうえで役に立つ。

SDGs への取り組みは企業のブランディングのツールとなる。だが、安易に SDGs を使うと、それは諸刃の剣になり得る。実態が伴わないのにも関わらず、SDGs への貢献を大げさにアピールするならば、それが表面的な繕いであることはいずれ明らかになる。アピールが大げさであればあるほど、消費者や顧客にとっては裏切られた思いが強くなる。こうした実態が伴わないうわべだけの SDGs ブランディングのことを「SDGs ウォッシュ」と呼ぶ。

この SDGs ウォッシュは、1980 年代後半に欧米の環境活動家が使ったグリーンウォッシュという言葉がベースになっている。当時、地球環境問題への関心が高まり、自然に優しく、「エコ」で「グリーン」な製品やサービスが注目された。そこで、環境意識が高い消費者へのアピールを狙い、自社製品がエコでグリーンであると戦略的にイメージ付けする企業が増えることになった。だが、実際には、記述内容が曖昧だったり、因果関係が見出せなかったり、ネガティブな事情が隠蔽されるといった状況が散見されるようになった。こうした企業がグリーンウォッシュ企業と批判された。

ロンドンに拠点を持つ広告代理店である Futerra 社は、グリーンウォッシュのパターンを次のように整理している[38]。

✓ 曖昧な表現：明確な意味のない単語又は用語（「環境に優しい」など）
✓ 汚染工場がつくる環境に優しい製品：川を汚染する工場でつくられた省エネ電球など
✓ 思わせぶりなイメージ写真：緑の印象を示す画像（例：排気管から咲く花）
✓ 小さな貢献で他を隠す：好事例をひとつ示すことで、他全体の問題から目を逸らさせる
✓ 小集団の中だけの比較：業界全体に問題があっても、その中で少しだけ優れていることをアピールする
✓ 表現内容への不信：不健康な製品をグリーン化しても意味はない（例：環境にやさしいタバコ）
✓ 難解な用語：科学者だけが確認又は理解できる専門用語と情報の羅列
✓ 架空の第三者：あたかも第三者が客観的に承認したように見えるラベル付け
✓ 証拠不足：正しいと信じるための証拠が示されない
✓ あからさまな嘘：捏造された情報又はデータ

このようなグリーンウォッシュで指摘された問題は、SDGs にそのまま当

てはまる。日本企業のウェブサイトや各種報告書の中で、SDGs への取り組みをアピールしているケースは多いが、事業や活動と SDGs ゴール／ターゲットとの結びつきが明らかでないことも少なくない。また、一部の好事例を誇張することで、他のネガティブな状況を隠すケースもあるかもしれない。

　グリーンウォッシュが問題視された1980 年代と比べ、現在は SNS の普及により、以前とは比較にならないほど、情報が容易に拡散されるようになっている。もしも SDGs への貢献をアピールする企業において、環境面、雇用面、人権面などで深刻な問題が発見されれば、それは瞬く間に世界で共有されることになろう※39。

　SDGs への取り組みは企業のブランディングに役立つものであるが、使い方を誤ると逆効果になりかねない。まずは、マテリアリティ（重要事項）分析などの機会を通じて、自社にとって優先的な SDGs ゴール・ターゲットを特定してゆく必要がある。そのうえで、SDGs を自社の中長期的な経営戦略の中にはっきりと位置付けてゆくことが重要である。SDGs を経営に活用し、事業を整理し、これを外部に説明してゆくステップについては、第 4 章で解説する。

3章

サステナビリティ・レポーティングの枠組み

企業の持続性と非財務情報

　毎年のように未曾有の自然災害に見舞われ、世界各地で紛争や暴動が相次いでいる。我々の社会が今後、持続的に発展してゆけるのだろうか、我々の子供や孫の世代になっても社会生活は平穏に続けていられるのか不安になる。こうした懸念が2015年の持続的開発目標（SDGs）の合意につながった。民間企業にとっても、SDGsを踏まえて、そのリスクに適切に対応し、かつビジネス機会をとらえることが、自らの持続的成長につながることが意識されてきている。SDGsを踏まえた経営は、企業の中長期的な価値が向上するものと解釈されている。そして、責任投資原則（PRI：Principles for Responsible Investment）、責任銀行原則（PRB：Principles for Responsible Banking）といった国際的な枠組みのもと、金融機関側も企業のSDGsへの取り組みを資金面でサポートするようになった。

　金融機関側が企業の持続性を検証する観点として、E（環境：Environment）、S（社会：Social）、G（ガバナンス：Governance）の3つがある。財務情報ではなく、こうした非財務情報を通じて、企業の持続性や中長期的な価値を見定めている。社会の持続的開発への願いから企業の持続性が着目されるのはわかるが、それではどうして企業の持続性がE、S、Gの3つの非財務情報から把握されるのか。

　E、S、Gの非財務面の情報が企業の中長期的な価値にどう関係しているかについて、客観的な因果関係を示す証拠はない。前章で示したように、企業のCSR活動と財務業績などとの関係について数々の研究があるが、両者の関係性について統一的な見解はない。ましてや10年後、30年後、50年後といった将来に、E、S、Gのパフォーマンスが当該企業の価値や財務業績にどういう影響を与えるかについて、誰もが納得する論理的で客観的な説明を行うことは難しいだろう。だが、世界における、特に欧米でのESG投資の急拡大を踏まえれば、E、S、Gの非財務情報の重要性を信じる人々が多いことは事実である。

　日本では、ESGと企業の中長期的価値との因果関係について、さまざ

まな角度から解釈が試みられてきた。例えば、ある実務家は「財務情報＝筋力」、「非財務情報＝内臓力」といったアナロジーで両者の関係の説明を試みている※40。財務情報は、当該企業が現時点でどれだけ儲ける力があるかが示される。人間の体で例えれば、筋力がどれだけ優れているかである。秀でた筋力があれば、腕相撲大会で勝利をおさめることができよう。だが、筋肉隆々のマッチョであっても、20年後、30年度にどれだけ強いかはわからない。もしかしたら不摂生な生活により将来は病弱な体になっているかもしれない。20年後、30年後にどれだけ健康を維持できるかは、その人の筋肉ではなく、内臓の状態のほうがポイントとなろう。健全な生活習慣を続け、内臓面で良好な数値がでている体であれば、将来も健康でいられる可能性が高い。ESGの数値は、内臓の検査結果のようなものであり、これが優れていることは、当該企業が中長期的に健全で良好な経営を持続できることを物語る。こうしたアナロジーは、財務情報と非財務情報の意味を実感として解釈するうえで役に立つ。

　財務情報は企業のこれまでのパフォーマンスを示すものであり「過去」情報である。一方、ESGは、企業の中長期的な価値を見るものである。これは、「非財務」ではなく「長期財務」情報であると指摘されることもある。

　企業の設立や倒産が繰り返されるなかで、過去50年、100年と続いてきた企業は、「三方よし」のように何らかの社会性を尊重してきたところが多いように見える。社会での役割を明確に意識している企業が、社会から長く受け入れられてきたのではなかろうか。企業の持続性と非財務情報との関係は、客観的に示されるものではないが、そこにつながりがあるとの前提で経営戦略をつくることが必要であろう。

非財務情報の具体例

　非財務情報は、財務諸表、決算情報、業績予測といった定量的な財務情報とは異なる。環境、社会、ガバナンスの3つの観点から企業の持続性、長期的な価値創造を描くのが非財務情報の役割である。

経済産業省は、2018 年に非財務情報の開示の在り方について研究会を開催し、その結果を報告書[41] にまとめている。そこでは、非財務情報は下記によって構成されると整理されている。

- ・財務報告（有価証券報告書やアニュアルレポート）内の財務諸表以外の情報
- ・サステナビリティ情報（CSR 報告書などで開示されている環境・社会面に関連する情報）
- ・ガバナンス情報（内部統制報告書、コーポレートガバナンス報告書などの情報）
- ・経営理念・経営ビジョンや中期経営計画といった経営の方針に関する情報
- ・ビジネスモデルや経営戦略に関する情報
- ・無形資産（ブランド、特許、人的資本など）に関する情報

ここで対象となる範囲は広く、財務以外の情報は、すべて非財務情報として位置付けられているように見える。経営理念や経営ビジョン、中期経営計画については、ESG の非財務項目には含まれないように思えるが、長期の企業価値に関する財務以外の情報という意味では、広義の非財務情報とみなされるのだろう。

　また、上記の（CSR 報告書などで開示されている）サステナビリティ情報についても、極めて曖昧な概念であり、情報を必要とする立場によって解釈が分かれよう。具体的に何を示すかについて、一定の認識を共有する必要がある。そこで、オランダに本部を持つ非営利団体である GRI（Global Reporting Initiatives）は、2000 年に GRI ガイドライン第一版、2016 年に GRI スタンダードを発行し、サステナビリティ情報の整理と標準化を進めてきた。GRI スタンダードでは、企業が重要項目（マテリアル項目）として取り上げる非財務情報を、表 3-1 のように整理している。マテリアル項目は「経済」、「環境」、「社会」の３分野で整理されている。

表3-1　マテリアル項目リスト（GRIスタンダード）

分野	項目
経済	経済パフォーマンス、地域経済での存在感、間接的な経済的インパクト、調達慣行、腐敗防止、反競争的行為、税
環境	原材料、エネルギー、水、生物多様性、大気への排出、排水及び廃棄物、環境コンプライアンス、サプライヤーの環境面のアセスメント
社会	雇用、労使関係、労働安全衛生、研修と教育、ダイバーシティと機会均等、非差別、結社の自由と団体交渉、児童労働、強制労働、保安慣行、先住民族の権利、人権アセスメント、地域コミュニティ、サプライヤーの社会面アセスメント、公共政策、顧客の安全衛生、マーケティングとラベリング、顧客プライバシー、社会経済面のコンプライアンス

出所：GRIスタンダード（日本語版）

　さらに、2018 年には、米国の非営利団体である SASB（Sustainable Accounting Standards Board）が SASB スタンダードを発行し、GRI と同様に非財務情報の整理を試みている。同スタンダードに添付されるマテリアリティ・マップでは、非財務項目は表 3-2 のように整理されている。

表3-2　マテリアリティ・マップ掲載項目（SASB）

分野	分類
環境	温室効果ガス排出、大気の質、エネルギー管理、上水と排水の管理、廃棄物と有害物質の管理、生態系へのインパクト
社会資本	人権とコミュニティ関係、顧客プライバシー、データの安全性、サービスへのアクセスと価格の手頃さ、製品の品質と安全性、顧客の福祉、販売慣習と製品のラベリング
人的資本	労働慣行、従業員の健康と安全、従業員のエンゲージメント、多様性と包摂性
ビジネスモデルとイノベーション	製品デザインとライフサイクル管理、ビジネスモデルの強靭性、サプライチェーン管理、原材料調達と効率性、気候変動の物的インパクト
リーダーシップとガバナンス	ビジネス倫理、競争行動、法的及び規制環境の管理、重大事件に備えた危機管理、体系的なリスク管理

出所：SASB Materiality Map

GRI と SASB によるそれぞれの整理には共通する部分が多い。温室効果ガス排出、廃棄物管理、生態系といった環境面の項目、雇用、労働慣行、多様性といった社会面の項目がそれぞれ取り上げられている。腐敗防止、競争行動といったガバナンス面の項目についても共通する部分が多い。

　必要とされる非財務情報は、企業の業種や業態によって異なるものであり、これらすべての項目について情報開示する必要はない。各社が重要（マテリアル）であると見なした項目について、適切な指標を用いながら情報開示を進めてゆくことが求められる。

報告枠組みの相関関係

　企業の非財務情報の開示に関しては、社会のニーズを踏まえつつ、さまざまなフレームワークやガイドラインなどが作成されている。財務情報と異なり、非財務情報の報告には定型の様式はない。だが、国際的に多くの企業が採用し、デファクト・スタンダードとなっているものがある。また、対象とする分野も、E、S、Gのすべてを包括しているものと、環境など特定課題のみを取り上げているものがある。非財務情報の報告枠組みについて、国際的に参照されているものを中心に全体像を以下で整理する。対象とするのは次の枠組みである。

・ISO 26000
・IIRC（国際統合報告評議会）統合報告フレームワーク
・TCFD（気候関連財務情報開示タスクフォース）最終報告
・GRI スタンダード
・SASB スタンダード

　まず、非財務情報の報告枠組みは、「細則主義」と「原則主義」の2つに大別される。細則主義では、項目別の開示事項が具体的に定められ、報告の標準化が追求される。その代表は、図 3-1 において灰色で示した GRI スタンダードと SASB スタンダードである。それぞれ非財務項目ごとに開示内容や指標が細かく示されている。実際に特定項目の情報を開示するかどうかは企業の判断によるが、開示しない場合は、その理由を示さなけ

図3-1 報告枠組みの相関関係

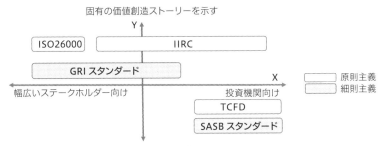

出所：筆者作成

ればならない。

　一方、原則主義の枠組みでは、報告内容の指針が定められるが、情報開示の細部は当事者の裁量にゆだねられる。図3-1において、ISO 26000、IIRC、TCFDは原則主義の枠組みであり、情報開示の大枠の指針が示されるのみである。具体的にどの項目を開示するか、どういった指標を用いるかについて指示はない。なお、TCFDについては、その名称「気候関連財務情報開示タスクフォース」が示すように、気候変動に関する環境分野の情報開示のみが対象となっている。

　ここで、これらの枠組みをまず図3-1のX軸を使い報告対象や目的に関して整理する。右側は、主に投資機関のニーズに沿うように情報開示を進める枠組みである。TCFDのフレームワークとSASBスタンダードがこれに相当する。IIRCの枠組みもこの用途で活用される。これらは、投資家の意思決定を適切なものとすることが目的である。非財務情報開示は、投資家とのコミュニケーションを円滑にするツールとして位置付けられる。

　一方、X軸の左側は、（投資機関を含む）幅広いステークホルダーのニーズに応えるため情報開示する枠組みである。ISO 26000、GRIスタンダードがこれに相当する。IIRCは、ここにも該当する。企業にとって投資家は、重要なステークホルダーであるが、これ以外にも従業員、NGO、地域社会、行政、取引先、消費者などもステークホルダーであり、それぞれが求める

情報は異なる。それぞれのステークホルダーと対話を図りながら、開示すべき非財務項目を定めてゆくことになる。

さらに、図3-1のY軸は、非財務情報開示の用途について整理したものである。上側は、各企業に固有の価値創造のストーリーを示すことを意図した枠組みである。中長期的に企業の価値を高め、持続性を確保するための道筋が描かれる。IIRCやISO26000は、これに向けたガイドラインである。また、GRIスタンダードに定められたマテリアリティ特定などのアプローチが、ここで活用される。

一方、Y軸の下側は、同業種の比較を容易にするための枠組みである。非財務情報が企業間で比較対照されることが前提である。TCFDとSASBスタンダードがこれに該当する。特にSASBスタンダードでは、業種ごとにマテリアリティや開示情報・指標があらかじめ設定されている。投資家にとっては、同業種内の企業を比較するうえで便利なツールとなっている。

これらの報告枠組みの中で、SDGsを経営に活用するうえで参考になるものはどれか。SDGsは、経済、社会、環境、ガバナンス面で多くの課題が取り込まれているため、さまざまな関係者と対話しながら、経営のリスクや機会を検証してゆく必要がある。そして、企業が持続的に成長してゆくため、中長期的な価値を高めてゆくことが求められている。こうした用途を踏まえれば、図3-1で第二象限（X軸左側、Y軸上側）にあるISO26000、IIRC、GRIスタンダードといった枠組が、最もSDGs活用経営に親和性が高いものと考えられよう。

次節では、図3-1に示したそれぞれの報告枠組みの概要を示す。

非財務情報報告枠組みの概要

(1) ISO26000

ISO 26000とは、ISO（国際標準化機構）が2010年11月に発行した官民両セクターにおける社会的責任（SR：Social Responsibility）に関する国際規格である。これは、認証を必要とするマネジメントシステム規

格ではなく、手引き（ガイダンス）である。すなわち、ISO 9001 や ISO 14001 のように特定の認定機関や審査員が存在するものではない。

ISO26000 は、これから社会的責任に取り組む組織や、既に社会的責任に取り組んでいる組織がステークホルダー・エンゲージメントを通じて、組織全体に社会的責任を効果的に統合するために利用されるものである。社会的責任に関する原則が示され、具体的な主題と課題が提示される。それぞれ内容の解説や取り組み方が示されるが、原則の提示にとどまり、個別指標について測定や開示基準を提供するものではない。

日本では、1970 年代から企業の社会的責任（CSR：Corporate Social Responsibility）という言葉が使われている。CSR 活動は、広報の一部に取り込まれてきたこともあり、企業イメージの向上を図る慈善活動、倫理的観点からのボランティア的な取り組みのように解釈されることがあった。しかし、ISO 26000 によって CSR は、コストではなく企業の持続的成長に向けた投資であると示された。そして、社会的責任とは、組織の持続可能な発展への貢献を助けることと解釈されるようになった。日本の経済界においても「企業経営の中軸に CSR を据えて活動していくことが必要であり、それを実践できる企業だけが持続的に発展していく[42]」という認識が広まっていった。

ISO 26000 の本文は、第 1 章から第 7 章及び附属書によって構成される。原文は英語であるが、ISO/SR 国内委員会などによってさまざまの解説が示されている[43]。

第 4 章では、「社会的責任の原則（7 つの原則）」が示される。社会的責任を果たすためには何が必要か、組織によって基本とすべき重要な視点が示される。具体的には、「説明責任」、「透明性」、「倫理的な行動」、「ステークホルダーの利害の尊重」、「法の支配の尊重」、「国際行動規範の尊重」、「人権の尊重」の 7 つである。そして第 5 章では、ステークホルダーの特定方法やエンゲージメントのタイプについて解説されている。

また、第 6 章では、社会的責任に取り組む際に検討すべき主題と課題が示される。社会的責任には、7 つの中核主題が設定されており、「組織統治」、「人権」、「労働慣行」、「環境」、「公正な事業慣行」、「消費者課題」、「コミュ

ニティへの参画及びコミュニティの発展」となっている（表3-3）。また、それぞれの中核主題に対して合計で 36 個の課題が設定されている。なお、「組織統治」については、他の中核主題に取り組むうえでの土台との位置づけであり、具体的な課題は示されていない。

　こうした表3-3の中核主題や課題について分析する以前に、企業は、まず自らが社会、経済、環境にどういったインパクトを及ぼしているのか、社会的責任はどこにあるのか考える必要がある。そのためには、企業は自らのステークホルダーを特定し、エンゲージメントを行うことが求められる。

(2) IIRC 統合報告フレームワーク

　IIRC（国際統合報告委員会：International Integrated Reporting Council）は、2010 年に英国で創設された国際非営利団体である。財務情報と非財務情報の両方を統合的に公開する「統合報告」という情報公開のフレームワークを開発した。持続可能な社会の構築に向けた企業の取り組みと、財務パフォーマンスを関連付けて体系的に開示する慣習の確立が目指されている。2013 年には、国際統合報告フレームワーク（IIRC フレームワーク）が公開された。同フレームワークは、原則主義に基づくものであり、特定の業績指標（KPI）や、その測定方法などの開示を規定するものではない。

　統合報告書の主たる目的は、「財務資本の提供者に対し、組織がどのように長期にわたり価値を創造するかを説明すること」である。しかしながら、同報告書は、「財務資本の提供者」の意思決定だけに資するものではなく、「従業員、顧客、サプライヤー、事業パートナー、地域社会、立法者、規制当局、及び政策立案者を含む、組織の長期にわたる価値創造能力に関心を持つすべてのステークホルダーにとって有益」とも位置付けられている。

　統合報告書の対象には、「組織に対する価値創造」と「他者に対する価値創造」の二面がある。前者は、組織自身に対して創造される価値であり、財務資本提供者への財務リターンにつながる。一方、後者は、他者に対し

表3-3　ISO26000における７つの中核主題と課題

中核主題	課題
組織統治	（記載事項なし）
人権	デューディリジェンス、人権に関する危機的状況、加担の回避、苦情解決、差別及び社会的弱者、市民的及び政治的権利、経済的社会的及び文化的権利、労働における基本的原則及び権利
労働慣行	雇用及び雇用関係、労働条件及び社会的保護、社会対話、労働における安全衛生、職場における人材育成及び訓練
環境	汚染の予防、持続可能な資源の利用、気候変動の緩和及び気候変動への適応、環境保護、生物多様性及び自然生息地の回復
公正な事業慣行	汚職防止、責任ある政治的関与、公正な競争、バリューチェーンにおける社会的責任の推進、財産権の尊重
消費者課題	公正なマーケティング、事実に即した偏りのない情報及び公正な契約慣行、消費者の安全衛生の保護、持続可能な消費、消費者に対するサービス、支援、並びに苦情及び紛争の解決、消費者データ保護及びプライバシー、必要不可欠なサービスへのアクセス、教育及び意識向上
コミュニティへの参画及びコミュニティの発展	コミュニティへの参画、教育及び文化、雇用創出及び技能開発技術の開発及び技術へのアクセス、富及び所得の創出、健康、社会的投資

出所：「ISO 26000を理解する」財団法人日本規格協会訳

て創造される価値（すなわち、ステークホルダー及び社会全体に対する価値）である。これら２つの価値は事業活動などを通じてつながっている。財務資本提供者は、たとえステークホルダーなど他者に対する価値創造であっても、組織自身の価値創造に影響を及ぼす場合は、これに関心を持つとされる。CSV（共有価値の創造）という概念があるが、組織自身への価値と他者への価値の両者がつながるという考え方は、これに通ずるものに見える。

　統合報告書は、表3-4のような内容によって構成される。

表3-4　統合報告書の構成

A.組織概要と外部環境	組織は何を営むか、組織が事業を営む環境はどうか
B.ガバナンス	ガバナンス構造は組織の価値創造をどう支えるか
C.ビジネスモデル	インプット、事業活動、アウトプット、アウトカムは何か
D.リスクと機会	価値創造に影響あるリスクと機会は何か。どう取り組むか
E.戦略と資源配分	目標と戦略、資源配分計画。達成状況をどう測定するか
F.実績	実績に関する定量的及び定性的な情報
G.見通し	将来に直面する外部環境の変化とそれへの備え
H.作成と表示の基礎	マテリアリティの特定プロセス、報告境界及びその決定方法

出所：「国際統合報告フレームワーク」2013年、IIRC

　ここで、「H」に示されるマテリアリティ（重要課題）とは、「組織の短・中・長期の価値創造能力に実質的な影響を与える事象に関する情報」と定義される。組織自身への影響だけでなく、社会全体への影響も含まれる。マテリアティの特定に際しては、ステークホルダーとの定期的なエンゲージメントのプロセスを経ることが求められる。

　さらに、報告境界（boundary）の視点も重要である。組織自身に重大な影響を与えるのであれば、外部の事業体やステークホルダーに関連するリスク、機会も報告対象としなければならない。顧客、サプライヤー、事業パートナー、地域社会など、組織のバリューチェーンを通じてどのようなリスクや機会があるか特定し、これに組織がどのように備えるか示す必要がある。

コラム 統合報告書の作成状況

2013 年に IIRC が「国際統合報告フレームワーク」を国際統合報告評議会（IIRC）が公表して以来、国内でも統合報告書を発行する企業が増加している。2018 年末の時点で、統合報告書を作成している日本企業数は 465 社であった[44]。JPX 日経 400 中の 244 社、日経 225 中で 165 社が同報告書を作成した。同報告書の作成企業は、2016 年には 334 社、2017 年には 411 社であり、同報告書の作成企業数は近年に増加傾向にある。

KMPG は、「日本企業の統合報告の取り組みに関する意識調査」を例年実施している。2019 年の調査には約 2,000 名が参加し、各社の統合報告書に関する質問に回答した。まず、「統合報告書の作成状況」については、「既に作成している」が 47％、「次年度作成予定である」が 14％であった。6 割を超える回答者が統合報告書の作成に着手している。続いて、「想定される統合報告書の主要な読み手」については、「投資家」が 92％と圧倒的割合であり、ほかには「従業員」52％、「顧客」49％、「取引先」35％、「就職希望者」24％、「地域住民」3％、「NGO」2％という結果であった。また、「統合報告が企業価値に寄与する可能性があるか」との質問に対しては、「大いにある」が 52％、「多少はある」が 45％と大半が効果を認めている。その理由と回答比率については表 3-6 のとおりであった。

同様の調査結果は、統合報告書が普及している南アフリカの企業家からも示されている。同国のヨハネスブルグ証券市場上場企業の場合、統合報告書の提出が義務付けられている。上場企業を対象とした、南アフリカ公認会計士協会（SAICA）の調査によると、統合報告書の作成による効果として以下

表3-5　統合報告の企業価値に寄与する理由

投資家への自社の戦略や方針の適切な理解促進	83%
社内やグループ内における戦略や方針の共有	60%
取引先や外部団体などステークホルダーとの関係構築	36%
自社グループ内の情報管理や情報共有プロセスの見直し	22%

出所：「日本企業の統合報告の取り組みに関する意識調査」2019年、KMPG

の見解が示された※45。

・統合報告は、統合思考のドライバーである。
・統合思考により、経営者と取締役会レベルでの意思決定が改善された。
・統合思考により、組織がレポーティングにより総合的なアプローチで取り組めるようになった。
・統合思考により、組織と財務資本の提供者や、その他のステークホルダーとの対話の質が向上した。
・組織が短期・中期・長期的に、統合思考からさらに利益を得るようになることを期待している。

統合報告とは、財務情報と非財務情報との単なる併記ではなく、両者をつなぐ「統合思考」を通じて、社会の持続可能性と自社のリスクや機会との関係性や、中長期的な価値創造の方針を説明する作業である。上記の調査結果を踏まえると、こうした統合思考の重要性については広く理解されているように見える。

だが、統合思考によって、実際にどこまで中長期の価値創造への道筋が描かれているかについては限界を指摘する声が多い。前述の南アフリカの調査では、「IIRC の国際統合報告フレームワークで説明されている資本モデルを利用して、組織の資本を特定し、管理する組織はこれまでのところわずかしかない」と報告されている。

日本においても、統合報告書の多くは財務と非財務の情報を単に「合冊」しただけとの指摘がある※46。真の統合思考を実践するためには、まずは経営トップのリーダーシップのもと、社会の持続可能性と自社の中長期の価値創造につながる活動を整理することが必要である。

(3) TCFD

　TCFD（Task Force on Climate-related Financial Disclosures）とは、2015 年に設立された民間主導の「気候関連財務情報開示タスクフォース」のことである。G 20 の財務大臣・中央銀行総裁が、金融安定理事会（FSB：Financial Stability Board）に対し、金融セクターが気候関連課題をどのように考慮すべきか検討を要請したことが TCFD 設立のきっかけである。

　今日、気候変動問題は、金融市場を不安定化させる潜在的要因である。金融セクターは、気候変動のリスクに晒される資産の評価と配分を適切に進めなければならない。そこで、事業会社が抱える気候変動のリスクと機会を、金融セクターが適切に評価するための基準と枠組みを構築すること

が、TCFD に求められた。2017 年 6 月に自主的な情報開示のあり方に関する提言（TCFD 最終報告書）が公表された。金融セクターにおいては、この情報開示をもとに、投融資先企業の財務的インパクトを評価・開示することが求められている。

　国連地球サミットに象徴されるように、これまで気候変動対策は、政府や国際機関が中心となって協議されてきた。だが、対策には膨大な経済的負担が伴い、国際協調に基づく取り組みは限界がある。TCFD の提言によって、気候変動問題が事業会社にとっての事業「リスク」と「機会」と位置付けられ、それへの対応や成果を金融セクターが評価し、価値を決定する枠組みが示された。すなわち、事業会社の情報開示をきっかけとして、民間セクターの力を通じて気候変動対策に取り組むことが進められることとなった。

　TCFD 報告書によると、気候変動は、以下の経路から金融システムの安定を損なう可能性がある。

①物理的リスク：干ばつや洪水、豪雨、海面上昇などの気候変動に起因する自然災害によって財物が棄損するなどし、保険会社に多額の支払いが生じたり、資産価値が大きな変動に晒されたりするリスク

②移行リスク：低・脱炭素社会に向けた技術革新や政策変更、投資家心理の変化などにより、温室効果ガス排出量の大きい資産などの資産価値が棄損するリスク。さらに、気候関連訴訟など、気候変動により損失を被った当事者から、企業が法的な責任追及に直面するリスク

　その一方、気候変動の緩和や適応に関する取り組みは、資源の効率的利用とコスト削減、再生可能エネルギーの採用、新たな製品やサービスの開発など、組織にとってのビジネス機会も創出する。低炭素経済への移行は、近い将来、年間約 1 兆ドルの投資額を必要とし、新たな投資機会をもたらすと推計されている[47]。

　そこで TCFD は、すべての企業に対し、自社の気候関連リスク・機会を評価し、その財務上の影響を把握し、経営戦略やリスク管理へ反映させ、これを情報開示することを求めている（図 3-2）。また、情報開示の媒体は、比較可能性の観点から、環境報告書や CSR レポートなどでなく、年次財

務報告等が望ましいとされる。TCFD は、あくまで気候変動の財務的インパクトの把握に焦点をあてているためである。

　さらに TCFD は、業種共通での開示要素として、「ガバナンス」、「戦略」、「リスクマネジメント」「測定基準とターゲット」の４つを挙げ、それぞれの観点から情報開示を求めた（表 3-6）。

　このうち、「戦略」に関しては、「シナリオ分析」と呼ばれる手法を用いて、将来起こり得る気候関連のリスク・機会が、自社のビジネス・経営に与える影響を説明することが求められている。すなわち、各企業には、既存のシナリオ群を活用しながら、定量分析を含めつつ、不確実な将来に向けた自社の気候関連戦略を検討することが期待される。これも TCFD 提言の大きな特徴である。

　2019 年５月の時点において、TCFD 報告書への賛同を示した賛同企業・団体は世界で 682 社／団体ある[※48]。このうち、日本企業は 100 社／団体であり、そのなかには、環境省、金融庁、経済産業省[※49]、経団連も含まれる。

図3-2　気候関連リスク・機会の把握から情報開示までの流れ

出所：「最終報告書：気候関連財務情報開示タスクフォースによる提言」2017年、TCFD

表3-6　TCFDによる提言において推奨される情報開示

ガバナンス	気候関連リスク・機会についての組織のガバナンス
戦略	気候関連リスク・機会がもたらす事業・戦略、財務計画への実際の潜在的影響（2℃シナリオなどに照らした分析を含む）
リスク管理	気候関連リスクの識別・評価・管理方法
指標と目標	気候関連リスク・機会を評価・管理する際の指標とその目標

出所：「最終報告書：気候関連財務情報開示タスクフォースによる提言」2017年、TCFD

賛同企業／団体の地域別区分をみると、欧州が 45%、北米が 21%、アジアが 21% であり、欧州主導で枠組みが構築されていることがうかがわれる。セクター別には、金融機関が全体の約半数を占めているが、日本では、非金融企業の参加が増えており、事業会社の署名が全体の 65% を占めるまでになっている[※50]。

(4) GRI スタンダード

GRI（Global Reporting Initiative：グローバル・レポーティング・イニシアティブ）は、サステナビリティ・レポーティングの枠組みの作成と、開示情報の標準化を進めてきた国際非営利団体である。1997 年に国連環境計画（UNEP）の支援を受けて設立された。当初は、米国を拠点としていたが、現在は、オランダのアムステルダムに事務局がある。2000 年にGRI サステナビリティ・レポーティング・ガイドライン（通称：GRI ガイドライン）を発表した。同ガイドラインは、「サステナビリティ」という抽象的で曖昧な概念を具体的な指標として可視化したものである。持続可能な経営を目指す企業をはじめ、さまざまな組織の活動を後押しした。

その後、GRI ガイドラインは第四版まで改訂されたが、2016 年には新たに GRI サステナビリティ・レポーティング・スタンダード（通称：GRI スタンダード[※51]）として再編された。現在は、この GRI スタンダードに基づいてサステナビリティ報告書を作成することが推奨されている。GRI 設立当初は、サステナビリティ・レポーティングなどはニッチな慣行であり、GRI ガイドラインを利用する組織はごく一部にとどまった。しかしながら、サステナビティへの関心は時代とともに高まり、今日では、世界の大手250 社の 93% がサステナビリティ報告書を作成するまでになっている。

GRI スタンダードは 100 番台、200 番台、300 番台、400 番台の 4 部から構成されている。100 番台（101 ～ 103）は、サステナビリティ報告書を作成するうえでの基礎や、全組織に当てはまる一般的な開示項目について説明されている。200 番台（201 ～ 206）は、経済分野の開示項目について、300 番台（301 ～ 308）は、環境分野の、そして 400 番台（401 ～

419）は、社会分野の開示項目について解説がある。200番台から400番台までについては、全項目について情報開示することは求められていない。各組織が重要と判断する項目（マテリアリティ）のみを取り上げて、該当事項を報告すればよい。しかしながら、どの項目が重要であるかは、各組織が判断しなければならない。

　重要事項（マテリアリティ）を組織自身が判断するということは、GRIスタンダードの特徴であり、後述のSASBスタンダードとの決定的違いである。組織の持続的発展（すなわちサステナビティ）を考えるツールがサステナビリティ報告書であり、そのうえでマテリアリティの特定は、重要なプロセスであるというのがGRIの考え方である。

　マテリアリティをどう特定するかについては、GRI101「基礎」に説明がある。ある項目がマテリアルかどうかは、次の2つの観点から判断されることが求められる。

　・ステークホルダーの評価や意思決定に対する影響
　・組織の経済、環境、社会に与えるインパクトの著しさ

　それぞれの観点を座標軸におき、マテリアリティの候補となる項目がマトリックス上でどこに置かれるか判断することを通じて、マテリアリティが特定されることとなる。

　ここでステークホルダーとは、単に投資家、株主を指すものではない。ステークホルダーとは、「組織の製品やサービス提供から著しい影響を受ける人々」、あるいは逆に「その行動が組織の戦略の実現などに影響を与える人々」と定義されている。具体的には、組織の従業員、関係先の労働者、サプライヤー、社会的弱者、地域コミュニティ、NGOなどの市民社会組織などが対象に含まれる。こうしたステークホルダーとエンゲージメント（対話、意見交換）を繰り返すことを通じて、各社が自身のマテリアリティを特定してゆくことが求められる。

　こうしたマテリアリティを特定する観点や、ステークホルダーとしての対象範囲を見ると、GRIのメッセージがどこにあるのか、最終的に何を目指しているのかを窺い知ることができる。おそらくGRIの最大の関心は経済、社会、環境全体の持続性（サステナビリティ）確保にあるのでは

図3-3　マテリアリティ特定のためのマトリックス

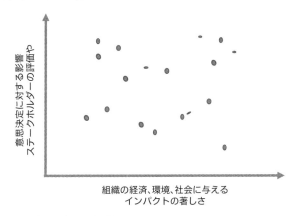

<small>意思決定に対する影響や
ステークホルダーの評価や</small>

組織の経済、環境、社会に与える
インパクトの著しさ

出所：GRIスタンダード（101：基礎）

ないだろうか。今後、中長期的に人々の生活が持続的に発展してゆくこと
を目指している。そして、企業などの組織がこうした社会全体の持続的発
展に寄与することが、それぞれの持続的発展にもつながると信じている。
見方を変えるなら、経済、社会、環境全体の持続性確保という目標を達成
するために、企業の持続性確保に向けた取り組みを適切な方向に誘導し
ようというアプローチである。SDGs は、官民が共同で社会の持続的開発
目標を達成しようという試みであり、GRI のアプローチと親和性がある。
GRI が SDGs の推進に向けて、国連グローバル・コンパクトとともに積
極的に関与していることも、GRI の意図を汲めば納得がゆく。

(5) SASB スタンダード

　SASB（Sustainability Accounting Standards Board：米国サステナビ
リティ会計基準審議会）は、2011 年に米国で設立された非営利団体である。
非財務情報の開示の標準化を進め、企業の情報開示の質向上に寄与し、中
長期視点の投資家の意思決定に貢献することを目的としている。GRI と
比べると若い団体であるが、米国の大手企業や金融機関が設立に関与して
おり、大きな存在感を示している。

2018 年には、SASB（サスビー）スタンダード[52]を発表し、GRI スタンダードと並ぶ非財務情報開示標準化のツールとして関心を集めている。まだ公表から間もないこともあり、実際に SASB スタンダードに基づいて非財務情報を開示している企業は少ない。だが、GRI スタンダードと比べ、使い勝手が良いこともあり、SASB スタンダードを活用する企業は、これから増えることが予想される。

　使い勝手が良い最大の理由は、マテリアリティ（重要項目）の特定にある。GRI スタンダードと異なり[53]、SASB スタンダードは業種ごとに構成されており、それぞれの業態ごとにマテリアリティが細かく特定されている。マテリアリティだけでなく、具体的な開示項目についても指標とともに示されている。ここで対象とされる業界は、「消費財」、「鉱業・鉱物資源加工」、「金融」、「食品・飲料」、「ヘルスケア」、「インフラ」、「再生可能・代替エネルギー」、「リソーストランフォーメーション（化学・電子・機械など）」、「サービス」、「テクノロジー・コミュニケーション」、「運輸」の 12 である。それぞれの業界の中に 5 〜 9 の業種が区分されている（全体で 77 業種）。例えば、「消費財」の中には「アパレル・アクセサリー・靴」、「家電品」、「玩具・スポーツ用品」などが含まれている。そして、業種ごとに個別の開示情報と指標のセットが示されている[54]。おそらく大半の企業のビジネスが、この区分のどこかに含まれており、企業は、該当する業種用につくられた「スタンダード」を見れば、自社のマテリアリティや開示項目、指標を即座に手に入れることができる。

　SASB が業種ごとにマテリアリティや開示項目を事前に特定している理由は、SASB スタンダードを作成した意図、さらにマテリアリティに関する考え方が反映されているためである。SASB は、マテリアリティを「投資家がベンチマークに基づいて企業を比較するうえで、意思決定に役立つ開示情報[55]」と解釈している。この解釈は、過去の米国最高裁判所によるマテリアリティの定義[56]に基づいている。すなわち、投資家の意思決定に必要な非財務情報がマテリアリティであり、そのためには情報の比較可能性が重要である。特定業種の企業がばらばらにマテリアリティを特定するのではなく、あらかじめ業種ごとに固定されていれば、投資家にとっ

ては利便性が高い情報となる。SASBは、投資家目線で、投資判断に必要な非財務情報を企業が開示するためのツールを開発していると解釈される。

コラム GRIとSASBの両スタンダードの対比

GRIスタンダードとSASBスタンダードは、それぞれが企業の非財務情報開示の標準化を意図したものである。普及状況で見れば、GRIガイドラインの利用時代を含め、長年の実績があるGRIのほうがSASBを圧倒している。だが、近年ではSASBへの関心が高まっており、今後は、これを利用する企業が増加することが予想される。GRIが欧州に拠点を持ち、SASBが米国発信であることもあり、欧・米の見解の違いを反映しているようにも思え、両者の今後の展開には関心が集まっている。両者はどこが相違しているのか、改めて表3-7にまとめた。

GRIスタンダード、SASBスタンダードとも非財務情報の開示の標準化を進めるために提案された枠組みであることは共通している。しかし、「誰のために、何を目的として非財務情報を開示しているのか」という立ち位置がGRIスタンダードとSASBスタンダードでは異なっている。SASBスタンダードは、あくまで投資家の情報ニーズに応えることが大きな目的である。同業種内で企業ごとにマテリアリティがバ

ラバラに特定されていたら、比較分析が難しくなる。あらかじめ業種ごとにマテリアリティが指定されていれば、分析する側には好都合である。報告する側もマテリアリティ特定に悩む必要はなく、ただ求められる情報を提示すれば済む。SASBスタンダードでは、企業の非財務情報についての投資家の分析を効率的にすることが狙われており、あえてそれ以上の役割や便益を追及するものではない。

一方、GRIスタンダードでは、マテリアリティは企業自らが特定すべきものになっている。さまざまなステークホルダーとのエンゲージメントを通じて、企業がそれぞれマテリアリティを特定することになる。マテリアリティの特定の原則や、そのアプローチについて詳細な説明がある。マテリアリティの特定に際しては、企業活動の経済、環境、社会へのインパクトが主要な決定要因となる。GRIスタンダードがSASBスタンダードと異なるのは、前者が企業の財務パフォーマンスへのインパクトだけではなく、経済、環境、社会へのインパクトも重視すること

表3-7　SASBスタンダードとGRIスタンダードの対比

	SASBスタンダード	GRIスタンダード
対応するニーズ	投資家を含む市場関係者のニーズ	従業員や地域社会を含む多様なステークホルダーのニーズ
分析の対象	財務的インパクトが大きい非財務情報	経済、環境、社会へのインパクトが大きな非財務情報
汎用性	全79の業種別に個別のスタンダード	全業種に共通のスタンダード
マテリアリティ特定方法	業種別のマテリアリティが事前に特定される	企業が自社のマテリアリティを特定する
マテリアリティの定義	投資家の意思決定に重要な影響を及ぼす非財務情報	ステークホルダーの評価や意思決定に影響する情報、組織の経済、環境、社会に与えるインパクトが著しい情報
使われ方	米国の会計制度に組み込むことを志向	利用は自由裁量

出所：各種資料に基づき筆者作成

ある。ここでは、非財務情報を開示する対象は投資家だけではなく、地域社会や取引先、従業員などを含む多様なステークホルダーになる。多様なステークホルダーとエンゲージメントを重ねることにより、企業の持続可能な開発への方向性が定まる。そして、それを報告するのがサステナビリティ報告書ということになる。つまり、GRIスタンダードが目指すのは、経済、社会、環境の持続可能な開発であり、企業は、それに参画することで自らのサステナビリティを追及できるという解釈になる。

　投資家にとっては、同業種内の企業が同じタイプの非財務情報を開示するのでれば、分析しやすい。その意味で、業種ごとにマテリアリティや開示情報を固定しているSASBスタンダードの優位は明らかである。ESG情報に基づいた投資を意思決定するうえで、SASBスタンダードの有用性は大きい。一方、投資家には、非財務情報を通じて長期的に成長する企業かどうか見極めたいというニーズもある。企業の長期的成長性や価値向上にESGがどう寄与するか説明を求める。こうした要請には、単に業種ごとに指定された非財務情報を開示するだけでは対応できない。GRIスタンダードに準拠して企業自身が自社のマテリアリティを特定し情報開示を行うほうが、各社の長期的な価

値向上への道を示すうえで役立つ。

　SASB スタンダードと GRI スタンダードは、どちらかを選択するというものではない。ESG 投資家に向けて意思決定に資する情報を効率的に提供するツールが SASB スタンダードであり、企業の持続的発展に向けた長期的価値創造を考えるツールになるのが GRI スタンダードという役割分担であろう。

　企業は、長期的な価値創造をどのように考えれば良いのか、特に社会の持続可能な開発を目指すうえで、企業の持続性はどのように確保できるのか。こうした問いに対する回答を GRI と国連グローバル・コンパクト（UNGC）が発信している。そこで、続く第 4 章では、企業の SDGs をどう経営に活用して、持続性を確保できるかについて、GRI と UNGC の示す方法論を紹介する。

4章

SDGs経営の
ステップ

SDGs 経営の意味

2015 年に国連の場で合意されて以降、SDGs は、日本国内で徐々に浸透してきているように見える。SDGs に関係するイベントが各地で実施され、SDGs をテーマとするセミナー、講演会、勉強会も各地で開催されている。地域の経済団体や商工会の集まりで SDGs が話題になることも少なくないと思われる。こうした動きに啓発され、SDGs への取り組みを真摯に検討する企業が増えてきている。東京の大手企業だけでなく、地方の中堅・中小企業の中にも SDGs に正面から向き合うところが現れてきている。そもそも「SDGs に取り組む」とはどういうことなのか。従来の経営とは何が異なるのか。「SDGs を経営に活用する」ことの意味と、その留意点について整理する。

第 1 章で示したように、2015 年に SDGs が登場した背景には、我々の社会が今後、将来にわたり持続するのかどうかの懸念があった。経済を無限に成長させるというパラダイムが崩れ、社会や環境をより持続可能なものにしてゆかなければならないという意識が強くなった。SDGs 経営とは、こうした現代社会の意識変化を受けたものであり、無限な経済成長を志向してきたパラダイムに挑戦し、現在のビジネスモデルをより持続可能なものに変えてゆくことが目指される。

もっとも、SDGs を経営に活用させる公式はなく、特定の団体が何らかの基準で認証しているわけではない。自らのビジネスモデルを持続可能なものにするのであれば、どのようなアプローチでも不都合はない。しかしながら、SDGs が登場した背景や趣旨を踏まえると、次の 3 点が重要で不可欠なポイントと考えられる。

・社会、経済、環境課題への取り組みが企業の持続性につながることを理解する
・長期の視点で社会や事業を考える
・将来の望ましい姿を長期ビジョンで示す

第一は、社会、経済、環境課題に取り組むことが、企業自身の持続性につながると理解することである。決して、慈善事業を通じて社会に貢献す

ることを求められているわけではない。あくまで本業を通じて、持続可能な開発に資することが求められているのであり、こうした取り組みが企業自身を持続的に成長させることにつながる。「SDGsへの取り組み＝慈善事業」とみなしている限り、思考はここで停止し、議論が先に進まない。

第二は、長期的な視点で社会や事業を考えることである。そもそもSDGsは2030年までの開発目標であり、パリ協定は2050年までの温暖化対策を視野に入れている。3年後や5年後を見るのではなく、10年後、30年後、50年後といった将来について考える必要がある。我々の世代ではなく、我々の子供や孫の世代の状況についてイメージを膨らませることが求められる。

第三は、将来の望ましい姿を長期ビジョンで示すことである。3年後の将来なら現実的に何ができるかという視点で考えるが、30年後の未来ならばそういった視点は無理であろう。むしろ何をしたいか、何が望まれるかという発想にならざるを得ない。我々の子供や孫の世代に、どのような未来を残したいのか、自社の事業がその実現にどう貢献できるかについて考える必要がある。皆がワクワクするような未来像を描き、これを長期ビジョンのような形で示すならば、これから会社がどこを目指しているのか社内外の関係者に伝わる。諸課題に取り組む指針が明確になり、投資家も長期的視点で判断することができる。企業の持続的開発に向けて、優秀なパートナー、人材や資金が集まる効果も期待される。

つまり、SDGsを経営に活用するポイントは、社会、経済、環境課題への取り組みが企業の持続性につながることを理解し、本業でこれに取り組むこと。そして10年後、30年後といった長期的視点を持ち、将来の望ましい未来像を描くことである。一方、これと反対に、SDGsへの取り組みを慈善事業とみなす、あるいは3年後といった短期的視点だけで考えるのであれば、SDGsを表面的になぞっているだけで、その本質を活用していることにはならない。

では、実際に、どのようにSDGsを経営に活用すればよいのか。次節以降では、国際的な手引書である『SDGコンパス』のステップに沿ってその手順を解説する。

SDGs 経営の手引き書

　SDGs は、先進国、開発途上国の双方が達成を目指す目標であり、それぞれの官民がともに取り組むべきである。だが、実際に SDGs で示されるターゲットや指標を見ると、国全体や地域レベルの課題が取り上げられるケースが少なくない。企業など民間の組織にとっては、SDGs への取り組みといっても、具体的なイメージがつきにくい。そこで国連グローバル・コンパクト（UNGC）は、民間企業向けの SDGs 活用ガイドを各種作成してきている。

　そのなかでよく参照されているのは、UNGC が GRI、WBCSD（持続可能な開発のための世界経済人会議）とともに 2016 年に発表した『SDGコンパス：SDGs の企業行動指針―SDGs を企業はどう活用するか』[57]である。ここでは、企業がいかにして SDGs を経営戦略と統合し、SDGs 達成への貢献を測定し管理していくかについて指針が示されている。各企業の事業に SDGs がもたらす影響を解説するとともに、持続可能性を企業の戦略の中心に据えるためのツールと知識を提供している。SDG コンパスでは、企業が SDGs を活用する手順を、次の 5 つのステップに分けて示している。

図4-1　SDGsを企業が活用するステップ

出所：『SDGコンパス』に基づき筆者作成

　まず「ステップ1」は、SDGs の構成や内容を十分に理解する段階である。自社の事業や活動を見渡し、SDGs のターゲットとどこで関係しているか確認する。続いて「ステップ2」において、SDGs のさまざまなター

ゲットの中から企業にとっての優先課題を特定する。企業の持続可能性をリスクと機会の双方の視点で考察する。そして「ステップ3」では、企業にとっての目標を設定する。10年後、20年後といった将来に向けて、何を目指すのかを確認し、達成度を測る指標を設定する。さらに「ステップ4」において、企業が目指す目標を経営の中に統合する。最後の「ステップ5」では、一連の考察の経緯や成果を報告書に取りまとめ、関係者とのコミュニケーションを図ることになる。

『SDGコンパス』は、サステナビティや持続可能性といったわかりにくい概念を平易に解説し、企業にとってのSDGsの活用手順を具体的に示したものであり、大きな価値がある。これまで世界中の企業によって参照されており、SDGsの民間セクターへの普及に向けて著しい影響力があった。その一方、同書のカバーする範囲は広く、作業は複雑である。また解説が若干抽象的で参考事例や資料が不足しているといった難点があった。

そこで、UNGCはGRIなどとともに『SDGコンパス』の後継ガイドとして、以下の3分冊の手引き書（『SDGsに関するビジネス・レポーティング』シリーズ）を作成し、2017年に公表した。それぞれの邦訳が2018年、2019年に公開されている。

・『SDGsを企業報告に統合するための実践ガイド（以後、『実践ガイド』）』[58]
・『ゴールとターゲットの分析』[59]
・『イン・フォーカス：SDGsに関するビジネス・レポーティングにおける投資家ニーズへの対応』[60]

このうち『SDGコンパス』の構成に沿って、上記のステップごとに具体的な手法などを追加しているのが『実践ガイド』である。また、成果指標の選定に際して包括的なリストを提供しているのが『ゴールとターゲットの分析』である。次節からは、『SDGコンパス』でのステップに沿って、『実践ガイド』と『ゴールとターゲットの分析』を参照しつつ、企業がSDGsを活用して、自らの持続可能な経営を実現するステップを解説する。

ステップ 1 ：SDGs を理解する

出所：筆者作成

(1) 組織の関与の確認

　SDGs を企業経営に活かすうえで、第一のステップは SDGs を理解することである。SDGs には 17 のゴールがあり、その下に合計で 169 のターゲットがある。まずは、それぞれのゴール、ターゲットと自社との関わりを確認する。ここで重要なことは、あくまで自社の本業と SDGs との関係を見ることである。本業でなく慈善事業として実施している活動があっても、それは考察の対象外である。自社の持続性を確保するために、社会、経済、環境課題に取り組むという視点を、初期段階から強く意識して作業することが重要である。

　なお、SDGs ゴールの中には、ゴール 8 （働きがいも経済成長も）、ゴール 12 （つくる責任、つかう責任）、ゴール 13 （気候変動に具体的な対策を）など、民間企業に広くかかわる課題がある。その一方、ゴール 1 （貧困をなくそう）、ゴール 2 （飢餓をゼロに）など、MDGs から受け継がれた目標で、どちらかというと開発途上国の事情にかかわる課題もある。まずは、17 のゴールの中から、自社の業務範囲に近いものを取り上げて、自らの事業と当該ゴールのターゲットとの関係を考えてみる作業が必要である。一方、自社の業務と離れていると思われるゴールの中に、事業リスクやチャンスが潜んでいる可能性もある。最終的には、17 のすべてのゴールについてターゲットの内容を確認するのが望ましい。

　もっとも、SDGs は国連の場において政府間で合意された国際開発目標であり、その多くの課題は、国や地域レベルを対象としている。例えば、ゴール 11（住み続けられるまちづくりを）は、都市の整備に関するターゲットが多く、「参加型・包摂的・持続可能な人間居住計画・管理能力を強化

する（ターゲット 11.3)」、「災害による死者数、被害者数、直接的経済損失を減らす（ターゲット 11.5)」など、自治体の課題としてはわかりやすいが、民間企業がどう関係するか判断が難しいものがある。

　民間企業と SDGs ターゲットとの関係については、いつかの解説資料が作成されており、これらを参照して関係性を検討する必要がある。その資料として代表的なものは、前述の『ゴールとターゲットの分析』である。同書の中では、SDGs ターゲットごとに「ターゲットを達成するのに役立つ可能性のあるビジネス・アクション」が複数示されている。これらのビジネス・アクションが自らの組織に関連するかどうかチェックすることを通じ、当該ターゲットとの関連性を確認することができる。

　なお、本書の附録資料「ゴール・ターゲットごとの解説及び関連するビジネス・アクション」は、『ゴールとターゲットの分析』などを参考にして作成されている。ターゲットごとに、民間企業との関係を確認するためのチェック項目が整理されている。まずは、この附録資料を参照して、自らの組織と SDGs ターゲットとの関与を確かめてゆくことが可能である。

(2) バリューチェーン分析

　次は、SDGs ゴール、ターゲットとの関係を組織のバリューチェーンまで広げて確認する作業である。バリューチェーンの上流から下流まですべてが検討する範囲となる。自らの事業所や子会社のみならず、原材料の調達先、取引先、販売先、廃棄先なども含める必要がある。

　なぜ自らの事業所のみならずバリューチェーンすべてが対象となるかは、それが国際的に必要とされているからである。英国現代労働法（2015年）に基づく情報請求に象徴されるように、グローバルに事業展開する多国籍企業は、自らのバリューチェーン上に強制労働、児童労働といった人権侵害があるかどうか情報開示することが不可欠になっている。本邦企業の中でも、調達先や販売先を複数の国に広げているところは多い。中国の現地企業に製造を委託しているケース、南アジアの農園から原材料を調達しているケース、欧州の企業に機材を納めているケースなど、さまざまな形で本邦企業も国際的なバリューチェーンの中にある。万が一、調達先の

事業所で児童労働などが発覚すれば、それは自社の情報開示の対象となり、他人事として見過ごせない。自社ブランドにネガティブな影響を与えたり、場合によっては海外の納品先から取引停止を求められたりすることになろう。これは、環境面でも同様である。温室効果ガスの排出に関して、近年は企業自身の排出量のみならず、サプライチェーン全体の排出量に関わる内容を算定範囲とする動きがある[※61]。取引先に温暖化対策が遅れている事業所があれば、それも自社のビジネスに影響を与える要因になりかねない。

　まずは、自らの組織にとってのバリューチェーンがどのように構成されているか検討する。そして自社の事業について、どのような事業者、団体、組織などが関係するか確認する必要がある。『SDGコンパス』では、バリューチェーンの構成要素として、「原材料」、「サプライヤー」、「調達物流」、「操業」、「販売」、「製品の使用」、「製品の廃棄」の7つの段階が例示されている。これらが自らの組織の事業に適しているものか検討し、各々の段階に関与している事業者、組織などを特定する。

　バリューチェーンの構成と、それぞれの関連事業者、組織が特定されたら、次は各段階でのSDGsとの関わりを検討する。SDGsに対しては、その達成にプラスの貢献をするような関わりもあれば、マイナスの影響を与える関わりもあろう。前者の場合は、その貢献を一層強化する取り組みが求められる。後者の場合は、マイナス面を緩和するための努力が必要である。

　図4-2は、バリューチェーン上の事業者とSDGsとの関わりのイメージを示したものである。図の上半分はSDGsゴールへの正の影響を強化する可能性について、下半分は負の影響を緩和する可能性について事例が示されている。例えば、水資源の不足している地域において「サプライヤー」が操業しているのであれば、その水使用量を削減することにより、ゴール6（ターゲット6.4）への負の影響を抑制できる。さらに企業は「操業」の段階において、世界中の事業所におけるすべての従業員に生活賃金を支給することにより、その事業におけるゴール8（ターゲット8.5）への正の影響を強化することができる。あるいは「製品の廃棄」について、自社

図4-2　バリューチェーンでのSDGsとの関わりのイメージ

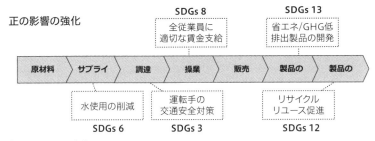

出所：『SDGコンパス』に基づき筆者作成

製品のリサイクルやリユースの可能性を向上させることにより、自社製品の廃棄時におけるゴール12（ターゲット12.5）への負の影響を抑制する機会を得る。こうした整理を通じ、自らの組織のバリューチェーンを構成する事業者や組織が、SDGsのターゲットにどういった影響を及ぼすかについて検討を進めてゆく。

(3) マッピング

　バリューチェーンを通じて、SDGsのゴールとターゲットとの関係を確認したら、次はマッピングの段階である。これまで自らの組織が行ってきた事業をリストアップし、これらがSDGsのターゲットにどう関連していたのか整理する。整理した結果を表4-1のような形にまとめるとわかりやすい。マッピングの対象は、必ずしも企業の事業や活動を網羅的に取り上げる必要はない。ただし、自社の本業に深くかかわるものについては、すべてを考察対象とすべきである。自社に都合の良い情報ばかり掲載することは、SDGsウォッシュとしての批判を受けかねないためである。

　また、もしも自社のマテリアティ（重要項目）が既に特定されているのであれば、その項目ごとにマッピングを行うことが望ましい。マテリアリティ分析と合わせてSDGsがマッピングされると、当該SDGsターゲットへの取り組みに企業が強くコミットしている姿勢が示されるからであ

表4-1　SDGsマッピング表のイメージA：ターゲットが右側

事業・活動名	取り組み	○○年度実績	関連するSDGsターゲット	
AAA	化学物質 化学物質使用量の把握と削減に取り組んでいる	○○まで削減された	3.9	
BBB	有害性の化学物質について、その種類、使用量、保管量、使用方法、使用場所、保管場所などを経時的に把握し、記録・管理している	○○が実現した	11.6	
CCC	排水処理システムの品質管理システムの構築を行っている	○○が可能となった	6.3	

出所：筆者作成

る。

　関連する SDGs については、カラフルな 17 色のアイコンを貼り付けると、見栄えもよくわかりやすい。実は、SDGs のアイコンはゴールレベルでなく、169 のターゲットごとに作成されている[62]。だが、ターゲットレベルのアイコンはあまり周知されていないので、ゴールレベルのアイコンを添付するだけで十分であろう。実際に多くの企業がこのような表を作成して、自らの SDGs への取り組みを提示している。

　ここで考慮すべきは、「関連する SDGs ターゲット」を表の右側に置くか（表 4-1：イメージA）、左側に置くか（表 4-2：イメージB）の選択である。この選択により、当該企業の SDGs に向かうスタンスの違いが現れる。Aのレイアウトでは、まず自社の事業や活動を整理し、それが SDGs ターゲットにどのように関連していたか紐づけされる。これまで会社が何をやってきたのか、どういった実績があったのかを説明することが中心となる。SDGs ターゲットは関連するものが、後付けで貼付される。いわば過去の事業内容と実績の整理である。

　一方、Bのように「関連する SDGs ターゲット」を前に置くと、どのようなイメージになるか。こちらだと、会社として SDGs ターゲットの取り組みに主眼を置いているというスタンスが示される。企業として、

表4-2　SDGsマッピング表のイメージB：ターゲットが左側

関連する SDGs ターゲット	事業・ 活動名	取り組み	○○年度実績
3.9	AAA	化学物質使用量の把握と削減に取り組んでいる	○○まで 削減された
11.6	BBB	有害性の化学物質について、その種類、使用量、保管量、使用方法、使用場所、保管場所などを経時的に把握し、記録・管理している	○○が 実現した
6.3	CCC	排水処理システムの品質管理システムの構築を行っている	○○が 可能となった

出所：筆者作成

SDGsのターゲットの達成にどのように貢献するかを考え、それに向けて自社の事業戦略を構築しているように見える。こうしたスタンスだと、過去の事業内容を整理するだけでなく、これからどういったアプローチをとるべきなのか将来を考える視点が生まれてくる。

　AとBの2つは、情報量としてはまったく同じであるが、「関連するSDGsターゲット」を置く場所を変えただけで、意味合いが異なってくる。本来、SDGsは社会の持続性を念頭に置いた取り組みであり、企業にはこれから将来に向けて何を目指すかが問われる。事業のマッピングに際しては、Bのレイアウトの表を作成し、企業のSDGs　への姿勢を示すほうが望ましい。

ステップ2：優先課題を決定する

ステップ2

```
優先課題     リスクの特定
を決定する
            ↓
            機会の特定
```

出所：筆者作成

（1）リスクの特定

　第二のステップは優先課題の決定である。このステップでは、自らの組織にとって優先的に取り組むべき SDGs ターゲットが特定される。SDGs の優先課題は、「自社にとって将来にリスクになり得る課題は何か」、「ビジネス機会になり得る課題は何か」という2つの視点から特定される。なお、ここで「将来」とは、3年後、5年後だけでなく、10年先、30年先まで見据えている。長期的な視点でリスクや機会を考えることが求められる。

　まずリスクは、優先課題を決定するうえで重要な項目である。そもそも「持続可能」な開発に関心が集まった理由は、人々が将来の社会や環境が持続的に発展してゆくものかどうか不安を感じたからであった。地球温暖化は、既に目に見える形で我々の生活に影響を与えている。また、各地での貧困や格差の拡大は、社会に大きなストレスを加え、虐待、テロ、紛争などを誘発している。今後、社会や地球環境がどのような課題に直面するか、それが企業にとってどのようなリスクになるかを、事前に把握する必要がある。

　『実践ガイド』は、このリスクの特定作業を、SDGs ターゲットの優先順位付けに向けての「エントリーポイントA」と名付けている。その際の留意点として次が示されている。

　・リスクは、自社の事業を通じて直接に面するものには限定されない。バリューチェーンの上の他の事業者や団体との関係を通じ、自社の事業や製品、サービスに影響を与えるリスクも含めて検討すべきである。

　・社会面のリスクに関しては、労働者の権利を含む人権に焦点を当てる。

強制労働、児童労働といった課題のみならず、いわゆるブラックな雇用
環境は、企業が持続性を確保するうえでの大きなリスク要因となる。

・現在のリスクだけでなく、将来に懸念される潜在的なリスクを含める必
要がある。将来に発生する可能性が低い、あるいは容易に対処できそう
なリスクであっても、まずはすべてをリストアップする必要がある。

・リスクの特定に際しては、まずは自社の従業員を幅広く参加させること
が望ましい。さらに、社外のステークホルダーとのエンゲージメントや、
ソーシャル・メディア上の情報を活用することも有益である。

・リスクの特定は一回で完了する作業ではなく、継続的に実施して、新た
に発生するリスクを追加してゆくべきである。

　ここで想定されているリスクとは、具体的にどのようなものか。例えば、
TCFD 最終報告書（2017 年）では、気候関連のリスクとして表 4-3 が示
されている。

　リスクの項目が整理されたら、次は優先度の高いリスクを特定する作業
になる。優先順位を考えるにあたっては、そのリスクが「どれだけ深刻か」、
「どれだけ起こる可能性があるか」の両面から判断する。深刻度については、
負の影響の甚大さ、対象地域の大きさ、修復の困難さなどの観点から考慮
する。例えば、原子力発電所の事故のようなリスクは、可能性としては高
くはない。しかし、ひとたび発生すると、その影響は大きく、広い地域に
波及する。修復には長い年月が必要となる。可能性が低くても深刻度が大
きなリスクは優先的に扱われるべきである。

表4-3　気候関連のリスク

政策及び法規制

・GHG排出価格付けの進行
・GHG排出量の報告義務の強化
・既存製品／サービスに対する義務化／規制化

技術

・既存製品／サービスの低炭素オプションへの置換
・新規技術への投資の失敗
・低炭素技術への移行の先行コスト

市場

・消費者の行動の変化
・マーケットシグナルの不確実性
・原材料コストの高騰

評判

・消費者の好みの変化
・当該セクターへの非難
・ステークホルダーの不安増大、又はマイナスのフィードバック

物理的リスク（急性・慢性）

・サイクロン、洪水などの異常気象の激甚化
・降水パターン変化、気象パターンの極端な変動性
・平均気温の上昇
・海面の上昇

出所：TCFD最終報告書（2017年）から抜粋

(2) 機会の特定

　リスクとチャンスは表裏一体の概念である。将来のリスクに対処するビジネスには大きな事業機会がある。今後、社会面、環境面でどういった課題に直面するかを踏まえ、自社の技術やノウハウを活用して、これにソリューションを提供することは、新たな事業機会の確保に通じる。社会の持続的発展に寄与する商品やサービスを開発することは、中長期的に企業価値を高めることにつながる。企業の価値創造につながるビジネスモデルをつくるうえでヒントになる。

　前述の『実践ガイド』は、この機会の特定作業については、SDGsター

ゲットの優先順位付けに向けての「エントリーポイントB」と名付けている。その際の留意点として次が示されている。

・将来の課題に対処するための事業機会を考える際には、企業の中核事業に最も近いと思われるSDGsゴールから検討することが望ましい。

・企業が貢献できる機会については、「社会にもたらし得る便益の大きさ」と「事業にもたらし得る便益の大きさ」の2つの基準から優先順位を検討すべきである。

・「社会にもたらし得る便益の大きさ」の測定には、さまざまな方法があるが、容易に把握できるもの、比較できるものとは限らない。だが、便益を明確にとらえることは事業機会の優先順位をつけるうえで必要である。

　そもそもSDGsは、社会や環境の持続的開発を目指すものであり、その目標の達成は必然的に持続的な取り組みとなる。事業利益を考慮しない慈善的活動では、今後、将来にわたって継続される保証がない。社会への便益と事業への便益の両面を追求することが必要である。企業による経済利益活動と社会課題の解決を両立させることは、「共有価値の創造（CSV: Creating Shared Value）」と名付けられ、企業の経営戦略のひとつとして受け入れられている。

　なお、本邦企業が新たな商品やサービスの開発を通じてSDGsに貢献している事例は数多く、さまざまな媒体で紹介されている。例えば、経団連の「Society 5.0 for SDGs」のウェブサイト[63]では、SDGsのゴールごとに、イノベーションを通じて本邦企業がSDGsに貢献している事例が整理されている。IoTやAI、ロボット、ビッグデータなどの革新技術を最大限活用し、SDGsの諸課題にソリューションを提供する事業が取り上げられている。このような先行事例を参考にしつつ、自社の技術やノウハウをどのように活用できるか検討する。

ステークホルダー・エンゲージメントについて

優先課題を決定するステップで鍵となるのは、内部及び外部のステークホルダーとの包摂的なエンゲージメント（対話、協働）である。バリューチェーン分析を行うにあたっても、それぞれのステークホルダーの課題や関心、利害、期待などを踏まえることは、SDGsに対する正や負の影響を確認するうえで有効である。また、企業にとっての将来のリスクや事業機会を特定する際にも、これに役立つ情報やヒントをステークホルダーから得ることもできる。

では、ステークホルダーとはどのような人々か。GRIスタンダードではステークホルダーは、次のように定義されている[64]。

・報告組織の活動、製品、サービスから著しい影響を受けると思われる事業体や個人
・その行動が当該組織の戦略実践や目的達成能力に影響を与えると思われる事業体や個人

つまり、組織の活動に影響を受ける人々、あるいはその反対に、組織の戦略に外部から影響を与える人々がステークホルダーに該当する。具体的には、自社の従業員、請負労働者、株主、サプライヤー、社会的弱者、地域コミュニティ、NGOなどの市民社会組織などが含まれる。ステークホルダーとのエンゲージメントは、該当するグループのメンバーと直接的に行われることがあれば、労働組合、地域社会のリーダーなどの正当な代表者を通じて行われることもある。

ステークホルダーというと組織の外にいる人々を指すと思われがちだが、自社の従業員も重要なステークホルダーである。SDGsのターゲットの中には、働きがいやハラスメント、ジェンダー、平等など、職場の中の問題をテーマとするものが少なくない。従業員自体と直接に向き合うことなくして、こうした問題の所在を明らかにすることは不可能である。

また、外部のステークホルダーの中には、アクセスが難しかったり、自ら積極的に意見を表明したりできない人々もいる。例えば、開発途上国でプラント建設などを進める場合、現地の用地調達の問題が必ず発生する。その際に、移住を余儀なくされる当該地域の農民や居住者は重要なステークホルダーであり、事前のエンゲージメントは不可欠である。これを怠り、現地の政府機関やパートナー任せにしてしまうと、後々に地域コミュニティの反対運動を引き起こしたり、国際NGOや

メディアを通じて大がかりな問題に発展したりすることになりかねない。特に、不利な立場に置かれた人々、社会的に疎まれている人々など、弱い立場に置かれたステークホルダーに対してしかるべき配慮をすることが求められる。

もちろん、バリューチェーン上のすべてのステークホルダーと、あまねくエンゲージメントを行うことは物理的にも資金的にも困難である。ステークホルダーが何千キロも離れた遠隔地にいることもあろう。その場合は、適切な専門家を選択し、代理ステークホルダーとしての役割を求めることになる。地元のNGO、学者、有識者などがこうした専門家の候補になる。ステークホルダーと直接に話をすることができない場合、こうした代理ステークホルダーとのエンゲージメントが必要となる。

ステップ3：目標を設定する

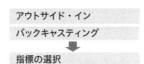

ステップ3　目標を設定する　アウトサイド・イン　バックキャスティング　指標の選択　長期ビジョン

出所：筆者作成

（1）アウトサイド・イン

第三のステップは目標の設定である。ステップ2で特定された優先的SDGsターゲットに貢献する目標を定める。具体的な目標を設定することを通じ、企業全体に優先課題が共有され、関係者の意欲が高まるといった効果が期待される。それは、各企業の事業にとどまらず、バリューチェーン全体の向上を促すことにつながる。

関係者の意欲を高めるためには、控えめな目標よりも、大胆な目標を掲げるほうが効果的である。大胆な目標を達成するためには、長期の視点で社会や事業を考え、時間軸を長くとる必要がある。例えば、「2025年までに75％再生可能エネルギーでまかなう」という目標よりも、「2030年までに自社のエネルギー需要を100％再生可能エネルギーでまかなう」とい

う目標を掲げるほうが、メッセージ性が強くインパクトがある。本邦企業の中にも大胆でインパクトがある目標を示しているところがある。例えば、「2030年までに死亡交通事故ゼロを目指す[※65]」、「アルコールの有害な摂取の根絶（Zero Harmful Drinking）[※66]」、「廃棄物ゼロ社会（World Without Waste）を目指して[※67]」などである。こうした目標を掲げることで、組織の強いコミットメントを内外に示すことができるし、業界全体を牽引することにもなる。

『SDGコンパス』では、意欲的な目標を設定するうえで、「アウトサイド・イン」と呼ばれるアプローチをとることが推奨されている。これは、世界的な視点から何が必要かについて客観的に検討し、それに基づいて自社の目標を設定することである。

　将来の持続性への懸念から、この目標は時として意欲的なものとなる。意欲的な目標と企業の現状とは大きなギャップがあり、このギャップを埋める作業は大きなチャレンジとなる。このチャレンジ精神がイノベーションや創造性を発揮する刺激になる。そもそもSDGsは、将来に目指すべき到達点について国際的に合意した開発目標である。アウトサイド・インでの事業目標設定にとって最適な参照材料となる。

　アウトサイド・インと逆のアプローチが「インサイド・アウト」である。ここでは、まず現在及び過去の自社の実績を踏まえ、今後の動向と道筋を予測する。そして、同業他社の状況などを参考にしながら、目標を設定する。社会が何を求めるのかではなく、自社では何ができるかが発想の出発点である。こうしたアプローチでは、グローバルな社会的、環境的課題に十分に対処することは難しい。事業目標も小幅なものになりがちである。イノベーションや創造性を発揮することにもつながらない。

　なお、アウトサイド・イン・アプローチを用いるにあたり、有益なツールとして、『SDGコンパス』では、次の2つが紹介されている。こうしたツールを活用しつつ、世界的、社会的ニーズは何なのか確認し、自社にとっての事業目標を特定することが求められる。

Science Based Targets Initiative[※68]：科学的根拠に基づき必要となるCO_2排出量削減を求める国際イニシアチブ。世界の気温の上昇を2℃以

図4-3　インサイド・アウトとアウトサイド・イン

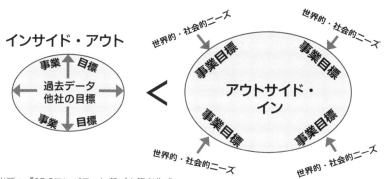

出所：『SDGコンパス』に基づき筆者作成

下に抑制すべきという科学的コンセンサスと連動する目標を企業が設定するためのツール。

　Future-Fit Benchmarks[69]：社会科学及び自然科学に基づき、すべての企業がその製品・サービスの別にかかわらず達成を求められる目標群。企業が将来あるべき姿と現状を客観的に評価する基準となる。

(2) バックキャスティング

「アウトサイド・イン」と同じ文脈で「バックキャスティング」という言葉が使われることがある。アウトサイド・インは、組織の外部者の視点で、目標を外から持ち込むアプローチであった。一方、バックキャスティングは、長期の視点で社会や事業を考え、未来にどうあるべきかを想定する。そして、未来を起点に現在を振り返って何をすべきか考えるアプローチである。前者は「外から中へ」、後者は「未来から現在へ」の視点であり、それぞれ思考の流れは異なる。だが、両者とも企業が今できることを行うのではなく、やらなければならないことを目指すという発想であり、考え方は同じである。地球温暖化の防止など、これまでの考え方では解決策が見つからないような課題に対しては、こうした大胆な発想が求められている。

　バックキャスティングと反対の発想が「フォアキャスティング」である。

現状分析や過去の実績、経験などから未来を予測する。現在を起点として考えるので、将来の目標を目指すものではない。過去の成功体験の延長線上で物事を考える思考になりがちである。SDGsのような世界的な目標に挑むには、イノベーションや大胆な創造性が求められているが、このような現状起点型のアプローチでは限界がある。

図4-4　バックキャスティングとフォアキャスティング

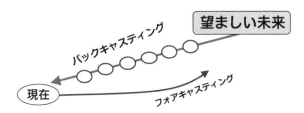

出所：筆者作成

　このバックキャスティングのアプローチは、日本でも次第に浸透してきており、環境省の長期ビジョン検討の過程などで活用されている。経済産業省や国土交通省の研究会、ワークショップなどでも提唱されている。

　このバックキャスティングは、望ましい未来の状況を踏まえ、これを実現するために必要な手段を考えるという発想である。逆に言えば、望ましい未来、すなわち企業が長期に実現したい目標・ゴールが明確になっていないと、バックキャスティングすべき課題が特定されないことになる。長期の目標を設定するためには、自社にとって将来に望ましい姿を長期ビジョンで示すことが必要となる。

　長期目標や長期ビジョンは、投資家側からも必要性が指摘される。統合報告書などでE、S、Gの非財務情報を開示する企業は多いが、企業の長期ビジョンや経営戦略と結び付けられていないことが少なくない。非財務情報が企業の長期的な価値創造にどのようにつながるのか明らかでない。

　仮に、今後の国内外の事業環境が安定的に推移するのであれば、長期のビジョンは必ずしも設定する必要がない。これまでの経験を踏まえて、翌

図4-5　長期ビジョンと目標の必要性

出所：「GPIFのインベストチェーンとESGの取り組みについて」小森博司、
PRI/GCNJ共催セミナー（2020年1月）資料を基に筆者作成

年以降も事業を継続してゆけば十分であろう。だが、我々の社会は過去に
経験したことのない変化に直面しようとしている。地球温暖化の傾向は歯
止めがかからず、国際社会でも地域紛争や民族間対立が終息しない。また、
AI や IoT の技術革命が我々の社会をどう変えるかも予見できない。過去
の経験を積み上げてゆくだけでは、今後の変化に対応できない。

　将来が不透明な状況において、投資家が求めているのは、企業が長期に
何を目指しているのか、何が目標なのかを明確に示すことである。企業側
から長期のゴール、目標、ビジョンが示されることで、投資家は長期の視
点で意思決定することが可能となる。これを示せない企業については、投
資家は意味のある対話を行うことができない。

（3）指標の選択

　事業の目標が設定されたら、次は進捗を測定するための指標の選択の段
階である。指標が設定されなければ、目標がどれだけ達成されているのか
進捗を測ることができない。指標なき目標は、実効が伴わない単なる年頭
の掛け声に終わってしまう可能性がある。例えば、「女性活躍推進」を目
標に掲げた場合、それをどういった指標で測るのか。管理職の女性比率な
のか、社員全体に占める女性比率なのか、研究開発に携わる女性技術者の
数なのか、あるいは顧客に占める女性の割合なのか。指標が設定されてな
ければ、「女性活躍推進」ができたのか、できなかったのか確認するすべ
がない。目標が設定されたら、その進捗を測る指標を考える必要がある。

表4-4　SMART原則とチェック項目

	チェック項目
Specific： 明確	誰が、どこで何をすることを測るのか。 具体的にどういった変化を測るのか。
Measurable： 測定可能	どういった変化でそれを測るのか。 どのような手段でデータを入手するのか。
Attainable： 達成可能	現在の状況下で、当事者が当該目標を達成することが 現実的に可能なのか。
Relevant： 関連性	目標達成に関連した変化を測る指標なのか。
Time-bonded： 時限的	いつまでの変化を測るのか。 期限はいつに設定されるか。

出所：各種資料より筆者作成

　指標を設定するにあたり、SMART という原則が参考になる。これは、S（Specific：明確）、M（Measurable：測定可能）、A（Attainable：達成可能）、R（Relevant：関連性）、T（Time-bonded：時限的）の頭文字を合わせたものである。表 4-4 に各項目の概要を示す。

　この 5 つの原則のうち、M（Measurable：測定可能）かどうかについては、指標で測る変化が定量的なものか定性的なものかで難易度が異なる。量的な変化を見るのは定量指標であり、数値や割合、比率などが用いられる。例えば、温室効果ガス排出量、リサイクル比率、従業員研修時間といった指標であり、それぞれ具体的な数値で変化を示すことができる。

　一方、質的な定性的変化を指標で測ることは容易ではない。例えば、「強靭性」、「満足度」、「信頼度」、「やりがい」といった抽象的で多面的な概念に関する変化である。そもそも SDGs ターゲットの中には、「働きがいのある人間らしい仕事（8.5）」、「差別又は嫌がらせを感じた人の割合（10.3）」など解釈が難しい定性的な概念が少なくない。これらを測る指標を考えるのは容易ではなく、工夫が必要である。

　その工夫のひとつとして、例えば、「リッカート尺度」という 5 段階程度の選択肢を用いた測定方法がある。質問票などにおいて、定性的なテー

表4-5　リッカート尺度を用いた定性的変化の数量的測定の事例

指標	研修プログラムAの効果ついて「非常に同意できる」あるいは「同意できる」と回答した者の比率

質問　本年の研修プログラムAは従業員のスキル向上に効果があった

まったく同意できない	5％
同意できない	25％
どちらともいえない	30％
同意できる	35％
非常に同意できる	5％

40％

出所：筆者作成

マについて複数の選択肢を示し、回答者に見解を求める。どの選択肢に回答が多かったかを集計して、数量的な値を集めることができる。表4-5にその一例を示す。

　なお、量的な変化を見る指標と質的な変化を見る指標は、どちらか一方があれば良いわけではなく、セットで用いられるのが望ましいことが多い。例えば、上記の研修プログラの効果を評価するケースを取り上げると、このプログラムへの参加者数を見ただけでは、参加者がどれだけ満足したかわからない。逆に、研修プログラムへの満足度だけ測定しても、参加者数がわからなければインパクトがどれだけあったのか把握できない。量的、質的の双方からプログラムの効果を見るのが適当である。

　ここで、指標を設定する際に、留意すべき点がいくつかがある。第一は、指標はいったん設定したら頻繁に変えないことである。指標は、単年度の状況だけを把握するものではなく、特定の目標達成までの進捗状況を把握すべきものである。少なくとも3年程度は同じ指標を用いて変化を辿るのが望ましい。企業のサステナビリティレポートなどで、毎年異なった指標を提示するケースが散見される。これでは経年の変化がわからない。

　第二は、指標の中に目標値を入れないことである。例えば、指標として「エ

ネルギー使用量年平均１％低減」、「リサイクル率を2020年までに85％以上」などといったものが使われるケースがある。目標値を明確に示すのはよいが、こうした表記だと現状でどうなっており、どれだけ目標が意欲的なのかわからない。表4-6の改善例が示すように、指標、ベースライン、目標値と分けて提示するほうがわかりやすい。

表4-6 目標値を含めた指標と改善例

●目標値を含めた指標の例

指標	エネルギー使用量年平均1％低減
	リサイクル率を2020年までに85％以上

●改善例

指標	単位	ベースライン（2017年）	2018年	2019年	目標値
エネルギー使用量年平均低減率	％	○％	○％	○％	1％
リサイクル率	％	○％	○％	○％	85％以上

出所：筆者作成

　同様に、指標の中に「○○を増やす」とか「○○の割合を高める」といった方向性を示す記述を加えるのも適当でない。目標と指標を混同するべきでない。指標自身に方向性は不要であり、あくまで中立的な表記とすべきである。

　第三は、ひとつの指標に複数の変数を含めないことである。例えば、「研修プログラムに参加して満足した者の数」のような２つの変数を持つ指標が設定されることがある。このなかには、「研修プログラムの参加者数」と、「同プログラムに満足した者の数」という２つの視点が入っている。両者を分けて測らないと、例えば、研修プログラムに参加したけれど満足しなかった者がどれだけいるのかわからない。

　なお、指標の設定に際しては、可能な限り世界で広く使われている標準指標を用いることが望ましい。前述の『ゴールとターゲットの分析』では、

SDGsのターゲットごとに、民間企業に適切な指標（開示事項）が整理されている。これらの指標は、すべてGRIスタンダードやCDP、世界銀行WDIなど、既に世界で標準的に用いられている指標群から抽出されている。各々の企業が独自の指標を採用するよりも、国際的な標準指標が用いられているほうが、企業間の比較が容易である。各企業にとっても自社のパフォーマンスを客観的に把握することにつながる。

コラム ロジックモデルと指標の種別について

　各企業がSDGsターゲットへの影響を把握するためには、事業や活動がどのようなプロセスで社会や環境に影響を与えるか認識することが重要である。そのためには、ロジックモデルと呼ばれる5つの段階に従って整理することが好都合である（図4-6）。

　5段階のうち、最初は「インプット（投入）」である。これは、事業や活動を実施するに際して企業が資源を投入する段階である。具体的には、人的資源（技術者、労働者など）と資金などである。第二は「アクティビティ（活動）」である。資源を用いて具体的に事業・活動を実施する段階である。第三は「アウトプット（産出）」である。アクティビティを通じて商品やサービスなどが生まれる段階となる。第四は「アウトカム（成果）」である。産出された商品やサービスを利用することによって、対象者に現れた具体的な変化がここで示される。最後は「インパクト（影響）」である。事業や活動を通じて、対象者に限らず、広く地域にどうような変化が現れたかが把握される。

図4-6　ロジックモデル

投入	活動	産出	成果	影響
どのような資源を投入するか	どのような活動を行うか	何を産出するか	対象とする人々への変化は何か	対象とする地域での変化は何か

出所：筆者作成

アウトカムとインパクトは紛らわしい概念であるが、ロジックモデルで使わる際、前者は、あくまで事業や活動の対象者に現れた変化、後者は、対象者以外も含め地域全体に現れた変化について示すという違いがある。指標を設定する場合、どの段階の進捗を測る指標なのか確認する必要がある。それによって、データをどこから収集すべきかが決まる。

ロジックモデルの中で指標が用いられるのは「インプット」、「アウトプット」、「アウトカム」、「インパクト」の４段階であるが、当然ながらそれぞれの指標のタイプやデータの収集先は異なる。それぞれの違いを表 4-7 で整理する。

インプット指標は、企業が事業を実施するに際して投入される資金や人材の量を表す。事例として教育産業を取り上げれば、教材の開発費や従事した人員数がこれにあたる。アウトプット指標は、投入された資金や人材によって産出された財やサービスの数量を測るものである。教育産業の場合では、開発された教材の数、販売された数量がこれに該当する。インプットとアウトプットは関連する概念であり、インプットの量を増やせば、必然的にアウトプットの数量が増える。

一方、アウトカム指標は、対象者に現れた変化を示すものである。例えば、教材が子供向けに開発されたものであれば、これを使った子供の成績がどの程度向上したかが測定される。そして次のインパクト指標は、対象者に限定されず、地域全体で現れた変化を示すものである。教材開発の場合であれば、企業が事業展開している地域全体の学力の変化が測定されることになる。

表4-7　ロジックモデルと指標の種別

指標の種別	具体例		指標の性質
	教育教材	衛生用品（浄水用）	
インプット（投入）指標	教材開発費、人員数	研究開発費、製造費、販売費、人員数	企業自身がコントロール可能
アウトプット（産出）指標	開発／販売された教材の数量	浄水錠剤の製造／販売量	
アウトカム（成果）指標	教材利用者の成績	錠剤購入世帯の浄化水の使用量	企業自身がコントロール不可能
インパクト（影響）指標	事業地域の学力水準	地域の水系感染症の発生率	

出所：『SDGコンパス』などに基づき筆者作成

ここで留意すべきは、「インプット」、「アウトプット」と「アウトカム」、「インパクト」の両者では、指標の性質が異なることである。インプットとアウトプット指標については、企業自身がコントロール可能である。どれだけ資金や人材を投入するかは企業の判断であるし、それに応じてアウトプットの量が定まる。一方、「アウトカム」と「インパクト」は、企業自身がコントロールできない。子供が当該教材を使っても実際に成績が上昇するかどうかは、他の要素が影響するであろうし、ましてや当該地域全体の学力水準は企業が左右することはできない。成果指標の種別によって、企業が自らの責任でコントロールできるものと、できないものがあることは理解すべきである。

　なお、表4-7では、もうひとつの事例として、浄水用の錠剤を開発する企業のケースを示している。インプット指標は、錠剤の研究開発や製造費、人件費、アウトプット指標は、当該錠剤の製造／販売量となる。アウトカム指標は、この錠剤を使って実際に浄化された水量が測られ、インパクト指標では、当該地域の水系感染症の発生率が測定される。後者のアウトカムとインパクトの指標は、企業自身には必ずしもコントロールできないことがわかろう。

　指標として、企業自身がコントロールできるインプット、アウトプット指標だけを用いるのは適切ではない。インプットやアウトプットの進捗を測定するだけでは、企業が社会・環境面の課題にどの程度貢献しているのかわからないためである。研究開発を通じて商品を産出しても、それが、どの程度利用されて課題解決につながったのか把握しなければならない。企業が何を目指しているのか、どういった変化が現れたかを、アウトカムとインパクトの指標を用いて示す必要がある。ただ、その場合、企業自身には、コントロールできない要素が関与していることは説明する必要がある。

　なお、自社の事業ではなく、バリューチェーン上の事業や活動の変化についても、同じ考え方が適用される。例えば、途上国の下請け企業の人権問題は、自社にとって重要な事項であるが、必ずしもコントロールできるものではない。情報提供を求めても曖昧なデータが提出されるケースがあり得る。成果指標を用いて当該企業における雇用状況を確認しようとすれば、それは、アウトカム指標の扱いになろう。さらに当該地域全体の雇用状況までを示すのであれば、それは、インパクト指標として測ることになろう。

ステップ4：経営への統合

　各企業の優先課題が特定され、目標と成果指標が設定されたあとは、こうした目標を中核事業に統合し、あらゆる部門での取り組みを進める必要がある。企業によっては大きな変革を伴うものであり、多くの関係者の参画が必要となる。そのための鍵となるのは、「経営トップの主導」、「社内全部門の取り込み」、「社外パートナーとの協働」の３点となる（図4-7）。

　第一は、経営トップの主導である。SDGs を企業経営に活用するうえで、経営トップがこれに強くコミットメントすることは前提条件となる。だが、たとえ経営トップの指示があり、これのもとに、CSR 部などがステップ１〜３までの作業を完了させても、これは SDGs 経営に向けた準備が整っただけに過ぎない。こうした作業の意味や価値が社内の全部門で十分に共有されなければならない。それゆえ経営トップは、SDGs に事業として取り組む根拠を、社員に明確に伝える必要がある。持続可能な開発に向けた取り組みが中長期的な企業価値の創造につながること、また、それが他の事業目標に向けた進展を補完することについて、説明することが経営トップに求められる。

　第二は、社内の全部門を取り込むことである。経営トップが示した方針に従い、事業部、研究開発部、人事部など、すべての部門が目標達成に取り組むような環境をつくることである。サプライヤーのマネジメントに関して設定された目標は、調達部門が達成に責任を持たならなければならない。同様に、女性活躍に関する目標の達成度の確認には、人事関連部門

図4-7　SDGsの経営統合の鍵

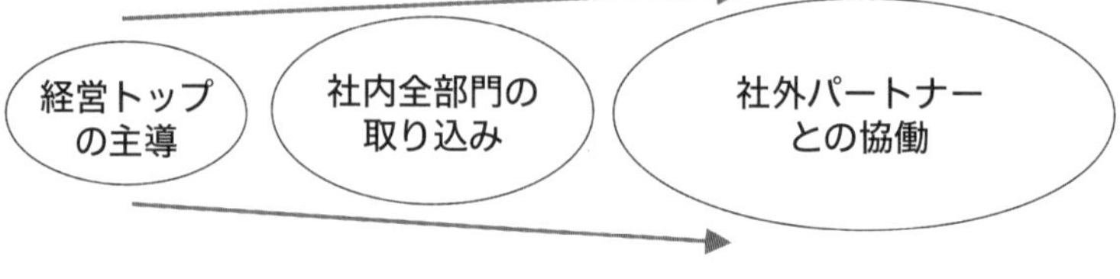

出所：『SDGコンパス』に基づき筆者作成

の参画が不可欠であろう。社内の全部門の参画を促進するには、自社の財務、戦略、業務の目標体系に、SDGs達成への取り組み目標を組み込んでゆくことが効果的である。そして、これを全社的な達成度の審査や報酬体系に組み入れる、あるいは優秀な成果を収めた部門や個人に特別報酬を支給するといった方策を導入する。こうした方策を取り入れることは、従業員のモチベーション向上に結び付く。また、従業員の参画を促すためには、SDGsに関する自社の戦略や進捗状況について、日ごろから情報共有を図るとともに、研修を実施することも効果的である。

　第三は、社外のパートナーとの協働である。SDGsの達成は、企業単独では不可能である。まず、バリューチェーン上の課題については、調達先、下請けなどのパートナーとともに取り組む必要がある。それぞれの企業が相互補完的な技能、技術、資源を組み合わせれば、市場に新しいソリューションを提供することにつながろう。さらに、業界全体の基準の変更や地域のビジネス慣行の見直しといった共通課題については、業界団体や商工会などの場を通じ、他企業とともに取り組む必要がある。また、地域や社会全体に関わる複合的な課題については、行政や市民団体など多様なステークホルダーと協働することが必要となろう。

ステップ5：報告書とコミュニケーション

　ステップ5は、持続可能性に関する報告（サステナビリティ・レポーティング）とステークホルダーとのコミュニケーションの段階である。こうした報告は、当初は社会的な信頼の醸成と評価向上のための手段と位置づけられていた。しかし、今日では、企業の持続性確保に向けた意思決定プロセスを支援し、組織の発展を促し、ステークホルダーとの協働を進め、投資を呼び込むための戦略的なツールと受け止められるようになっている。

　報告の媒体としては、サステナビリティレポート、CSR報告書など特定の報告書を用いるケース、財務情報と合わせて統合報告書にまとめるケース、サステナビリティ・データブックなどの形でウェブサイトに掲載するケースなどさまざまである。それぞれに短所、長所があり、特徴を活

かした使い方をすべきである。漠然と作成するのではなく、まずは誰のために、何を目的として報告するのかを明確にする必要がある。

投資家を報告対象とするのであれば、投資の意思決定に資する情報をわかりやすくまとめるべきである。投資家は、意思決定をするうえで、SDGsに関連する競争優位をいかに事業成果に変えているのか、ポートフォリオ全体にSDGsがどう影響するのか、また、企業戦略全体にSDGsがどれほど関連しているかについて関心がある。企業の中長期的な価値の創造はどう描かれるのかなど、将来の動向を見据えた情報の開示をますます求めるようになっている。

評価機関などからの情報ニーズに対応するには、ESGの各項目に関して包括的な情報を提供する必要がある。紙媒体の報告書では収まらず、ウェブサイト上でデータを示すことになろう。情報開示の範囲は広くなりがちであり、大量のデータの管理や更新は担当部門にとって負担となる。求められる以上のデータを扱っていないか、一旦見直しすることも必要である。

さらに、マルチステークホルダーを主なターゲットとする報告書を作成することもあろう。マルチステークホルダーには、取引先、同業者、消費者、有識者、就職活動生、行政、NGO、地域コミュニティなどさまざまな組織や個人が含まれる。報告すべき相手は国内にとどまらないこともあろう。サステナビリティ・レポーティングは、企業の持続可能性に関する方針や戦略を社外のパートナーに示し、協働を促すうえで有益なツールになる。さらに、就職活動生を含む若年層は、社会の持続可能な開発に対し強い関心と当事者意識を持っている。そのため優秀な若手人材を集めるためにも、企業自身のSDGsへの取り組みを明確に示すことが重要である。

サステナビリティ・レポーティングに必要な内容は表4-8に整理される。これまでのステップ2〜4の段階において、企業として優先的に取り組むSDGs課題が特定され、その目標と成果指標が設定され、目標達成への戦略が検討された。こうした考察の流れを受けて、表4-8の情報を報告書で整理することになる。

企業によっては、過去のレポーティングのプロセスを通じて、マテリアリティ（重要項目）が特定されているところもあろう。SDGsへの取り組

表4-8　サステナビリティ・レポーティングの内容

1. 選択の理由と過程	SDGsの優先ターゲットを選択した理由とその過程（例：優先課題の決定プロセスやステークホルダーとの協働）
2. 正と負のインパクト	優先ターゲットに対する著しい正又は負のインパクト
3. 目標と達成状況	優先ターゲットに関する企業の目標、及びその達成に向けた進捗状況
4. 目標達成の戦略	SDGsに関するインパクトを把握し、組織として目標を達成するための戦略と実践方法（例：方針、体制、デューデリジェンス）

出所：『SDGコンパス』に基づき筆者作成

みが形ばかりのものでなく、本業を通じた実効的なものならば、マテリアルと特定された項目の中に、優先的に取り組むSDGsターゲットが含まれているはずである。マテリアティを整理する文脈の中で、優先的SDGsターゲットへの取り組みや進捗状況など、表4-8に示された情報を開示することができよう[70]。

推奨されないアプローチ

　本章では、『SDGコンパス』に基づいてSDGsを経営に活用ステップについてまとめてきた。最後に、UNGC/GRIが推奨していないアプローチについて3つ紹介する[71]。

　第一は、「単なるラベル付け」である。ラベル付けとは、企業のこれまでの事業や活動とSDGsとの関係を整理し、それぞれの事業や活動に該当するSDGsゴール・ターゲットを結びつける作業である。本章では、「ステップ1：SDGsを理解する」の「(3) マッピング」の段階がこれにあたる。本邦企業の中にも、サステナビリティ報告書などの中で自社の事業や活動を整理し、それぞれがどのSDGsに貢献しているか、SDGsの17色のアイコンを使って示しているところが多い。

　既存の事業とSDGsとの関係を検討して整理することは、SDGsを理解するための第一歩である。また、社員にとっても今までの活動とSDGs

との結びつきを整理する視点はわかりやすい。社内にSDGsを浸透させるためにも、こうしたマッピングやラベル付けは有効である。だが、SDGsは、もともと社会や環境の持続的開発をテーマとする概念であり、各企業のこれからの取り組みを検討するツールである。将来のリスクと機会をとらえ、新たに取り組むべき行動を特定しなければならない。既存の事業のラベル付けに終わることなく、SDGsを達成するための新たな、そして追加的な取り組みを考えてゆかねばならない。

第二は、「本業と離れた取り組み」である。SDGsは、国連サミットで合意された国際的な開発目標である。「貧困をなくそう」、「飢餓をゼロに」などというテーマが並んでおり、悲惨な状況にある開発途上国の人々を助けることが目指されていると考える人も少なくない。実際、SDGsの前身であるMDGs（ミレニアム開発目標）はそういった位置づけであった。本邦企業の報告書を見ても、SDGsへの取り組みをフィランソロピーや慈善的な活動と捉えて、自社の貢献をアピールしているケースが散見される。

だが、持続可能な社会に向けた取り組みと慈善活動は別物である。持続可能な社会を目指すには、企業も持続的に諸課題に取り組んでゆかねばならない。慈善活動と位置付けていれば、これが中長期的に継続される保証はなく、また、その規模やインパクトには限界がある。SDGsの達成に求められる規模で改革を実施するためには、企業は本業の中でSDGsに取り組む必要がある。製品やサービスの中核をSDGsと調和させなければならない。また、そうすることを通じて、企業は将来のリスクを回避し、新たな事業機会を発掘することが可能となる。

なお、既に自社のマテリアリティ（重要項目）を特定している企業は、マテリアリティを分析するプロセスにおいて、優先的に取り組むSDGsについても特定するべきである。自社やステークホルダーにとってマテリアルな事項は、優先すべきSDGs課題と位置付けられるのが必然である。マテリアリティ特定とSDGs課題の優先順位付けは整合して進められるべきである。両者をまったく別のプロセスで行うのはSDGsの趣旨から反している。

第三は、「SDGsウォッシュ」である。第2章で説明したとおり、SDGs

ウォッシュとは、自社に都合の良い情報のみを提示して、悪影響のある部分を隠すといった行いを示す。例えば、ある製薬企業が、感染症の治療に著しい効果がある薬品を開発し、SDGs ターゲット 3.3 への貢献を大きく示したとする。その一方で、当該薬品を製造する工場が有害化学物質を含む汚水を河川に垂れ流ししていることを報告していなかったら、それはSDGs ウォッシュとみなされる。あるいは、SDGs のパートナーシップ推進に大きく活躍している企業が、自社の従業員にブラック的な労働慣行を強いており、これを公にしていないとしたら、これも SDGs ウォッシュである。現在、SNS の普及は目覚ましく、情報はあっという間に拡散する。SDGs の達成への貢献を大きくアピールする企業が、その一部で SDGsに逆行するような行動をとることが判明したら、その情報は、画像や動画とともに瞬く間に世界に広がるであろう。

　もっとも、企業が事業を進めるうえで SDGs の何らか分野でネガティブな影響を及ぼしていることは不可避かもしれない。もしも、現状で何らかの悪影響が存在するのであれば、その事実をサステナビリティ報告書などの中で正確に情報開示するべきである。そして、その問題の改善に向けたロードマップを示すべきである。悪影響について情報開示しないのであれば、それは、当該企業がこれを「隠している」か「気付いていない」のどちらかと解釈される。隠すよりも気付いていないほうが、問題が発覚した際のダメージは大きいかもしれない。自社事業の孕むリスクを包括的に検討するとともに、悪影響が発覚した場合は、その事実を素直に認め改善策を示すべきである。それが報告内容全体への信頼につながる。

5章

SDGs経営の
好事例

本章では、持続可能な開発への取り組みを経営に活用している、次の5件の事例を紹介する。それぞれ中長期的な事業リスクを把握し、新規のビジネスチャンスの開拓にも意欲的に取り組んでいる。明確な目標を設定し、サステナビリティ報告書などの中で進捗を示している。

- ・BP（ブリティッシュ・ペトロリアム）：欧州、エネルギー
- ・ネスレ：欧州、食品・飲料
- ・ユニリーバ：欧州、一般消費財
- ・トヨタ：日本、自動車
- ・メルボルン大学：オーストラリア、高等教育

　さらに、こうした各企業の取り組みを、『SDGコンパス』のステップに従って、下記の10項目で評価した。

ステップ1（SDGsを理解する）
- ・本業を通じて持続可能な開発に取り組む姿勢が示されているか
- ・環境、社会、ガバナンスのすべての側面が報告対象になっているか
- ・バリューチェーン全体が考察対象になっているか

ステップ2（優先課題を決定する）
- ・中長期的なリスクが漏れなく把握され、十分に対応されているか
- ・持続的開発につながるビジネスチャンスが特定されているか

ステップ3（目標を設定する）
- ・持続可能な開発に向けて十分に意欲的な目標が設定されているか
- ・適切な指標が設定されているか

ステップ4（経営への統合）
- ・経営者のコミットメントを示す具体的な証があるか
- ・持続的開発に取り組むうえで、社外のパートナーとの協働があるか

ステップ5（報告とコミュニケーションを行う）
- ・報告内容を確定するにあたり、ステークホルダー・エンゲージメントが十分に行われているか

　その評価の結果を「十分に当てはまる：2」、「部分的に当てはまる：1」、「当てはまらない：0」と3段階に分け、各項目について採点した。採点結果が事例ごとに表の形で示される。

なお、この評価項目と基準は、『SDG コンパス』の内容に沿っているものの、あくまで筆者の判断で作成したものである。同文書の中で規定されているものではないことをご理解いただきたい。

BP（ブリティッシュ・ペトロリアム）

　BP（ブリティッシュ・ペトロリアム）は、英国に本社があり、エネルギー関連事業を展開するオイルメジャー（国際石油資本）である。主な事業内容は、石油や天然ガスの探査、開発、生産から石油由来の化学品の販売、輸送である。さらに、天然ガスを利用した発電事業、再生可能エネルギーとしての太陽光発電・風力発電も進めている。他のオイルメジャーと同様に事業の裾野は広く、輸送用燃料、暖房・照明用エネルギー、産業用電力を供給し、潤滑油、塗料、衣料品、梱包材料といった化学関連製品を販売している。事業展開は世界 78 カ国に広がり、全体の従業員数は 7 万 3,000 名、関連企業は 1,900 社、売上その他営業収益は 2,990 億ドルに上る[72]。

　石油やガスを主力製品とするエネルギー関連企業として、脱炭素社会への転換には強い危機感を抱いている。2000 年からは「Beyond Petroleum（石油を超えて）」キャンペーンを開始し、石油などの化石燃料依存から脱却する姿勢を示した。同年に太陽光発電企業を買収するとともに、1920 年代から長年使ってきた企業ロゴを、太陽をイメージするロゴ[73] へと改め、再生可能エネルギー開発に取り組んでゆく決意を内外に表明している。

　持続的開発に関するこれまでの取り組みや実績、今後の方針については、サステナビリティ報告書[74] 及び年報[75] の中で示されている。これらの報告書に掲載されている公開情報に基づき、同社の持続的開発への取り組み状況を評価した。SDG コンパスのステップに沿って採点すると以下のとおりである。

ステップ 1（SDGs を理解する）

　同社のサステナビリティ報告書では、エネルギー関連の本業を通じ持続的開発に取り組む姿勢が全面に示されている。特に SDGs のゴールやターゲットと事業とのマッピングは行われていないものの、環境、社会、ガバ

表5-1　BPの持続的開発への取り組みの評価

ステップ	チェック項目	評価点
1	本業を通じて持続可能な開発に取り組む姿勢が示されているか	2
1	環境、社会、ガバナンスのすべての側面が報告対象になっているか	2
1	バリューチェーン全体が考察対象になっているか	2
2	中長期的なリスクが漏れなく把握され、十分に対応されているか	2
2	持続的開発につながるビジネスチャンスが特定されているか	2
3	持続可能な開発に向けて十分に意欲的な目標が設定されているか	2
3	適切な指標が設定されているか	1
4	経営者のコミットメントを示す具体的な証があるか	2
4	持続的開発に取り組むうえで、社外のパートナーとの協働があるか	2
5	報告内容を確定するにあたり、ステークホルダー・エンゲージメントが十分に行われているか	2
合計（20点満点）		19

（2：十分にあてはまる、1：部分的にあてはまる、0：あてはまらない）

ナンスのそれぞれの側面が考察対象になっており、漏れがない。

　同社は、世界78カ国で数千を超えるサプライヤーを抱えているため、サプライチェーン上でさまざまなリスクが発生する可能性がある。これを防ぐため、例えば、標準的な調達契約には、強制労働、人身売買労働、児童労働の特定の禁止を伴う人権を尊重するサプライヤーの義務が含まれている。また定期的なデュー・デリジェンス・プロセスによって、サプライチェーンにおけるリスクを特定している。

ステップ2（優先課題を決定する）

　温室効果ガスの排出を抑制することは、BPのようなエネルギー関連産

業が直面する大きな課題である。特に、環境意識が強い欧州を基盤とする同社にとって、対応が後手に回ることは致命的な経営リスクになりかねない。その一方、環境問題にいち早く対応し、温室効果ガス削減に貢献するビジネスモデルを構築することは、大きなビジネスチャンスにつながる。同社は、リスク対応にとどまらず、さまざまな分野でビジネスチャンスを広げ、業界全体にも影響を与えているように見える。

　例えば、温室効果ガス排出削減につながる新しい燃料や製品の開発である。同社が開発した BP Biojet は、従来のジェット燃料と再生食用油を混合した燃料であり、ノルウェーとスウェーデンの空港においてこれが提供されている。また、ブラジルでは、サトウキビ由来のエタノールを生産しており、2018 年に 7.6 億リットル相当のエタノールが生産された。さらに、石油化学・合成樹脂分野でも最も大きなチャンスがあると見なしている。特に、再生可能プラスチックの開発が進められており、2025 年までの実用化が目指されている。

　炭素の捕捉、使用、貯留（CCUS）にも率先して取り組んでいる。ガス火力発電所から CO_2 を回収し、パイプラインで運び海底に貯留するプロジェクトが進行中である。また、CO_2 を化学物質で除去する企業にも出資している。

　BP にとってのリスクは環境面だけでなく、社会面、ガバナンス面でも発生し得る。同社の事業は世界各地に広がっており、事業活動によって地域のコミュニティが影響を受ける可能性は常に生じる。そこで同社は、国連の「ビジネスと人権に関する指導原則」をビジネスプロセスに組み込み、先住民を含む地域住民の生計、土地、環境、文化的遺産、健康、福祉への悪影響を防止、軽減、管理するよう努めている。例えば、インドネシアでは、同社の液化天然ガス事業が地域の漁場に近い立地にあるが、漁場への影響について地方自治体や漁民と意見交換し、悪影響を管理・防止するためのプログラムを実施することになった。

　また、ガバナンス面のリスクも認識されている。同社の事業は、贈収賄や腐敗のリスクが高い地域でも展開されている。現地で不正行為が生じるリスクを抑えるため、従業員に対して職務の性質や場所に応じた研修を実

施している。2018年には、全体で1万人を超える従業員が贈収賄・腐敗防止研修を修了した。

ステップ3（目標を設定する）

　サステナビリティ報告書の巻頭において、最高経営責任者（CEO）は、同社の戦略がパリ協定の気候目標と一致していることを確認している。特に、「温室効果ガス排出量を削減すること」、「エネルギー効率を向上させること」、「炭素回収、使用、貯蔵などの新技術を利用し展開させること」の3つを共通課題と示している。2017年には、温室効果ガスの「削減、改善、創出」の枠組みがつくられ、同時に2025年までの低炭素プログラムの目標が次のように設定された。

削減	事業活動からの温室効果ガス排出量の純増ゼロ
	温室効果ガス削減量 350万 t
	メタンガス強度 (intensity) 0.2%
改善	低排出ガスの提供
	より効率的で低炭素な燃料、潤滑油、石油化学製品の開発
	顧客への低炭素サービスの拡大
創出	低炭素・再生可能ビジネスの拡大
	年間5億ドルを低炭素活動に投資
	OGCIの研究・技術資金（10億ドル超）への出資と協働

　さらに、過去の原油流出事故などの発生を踏まえ、事業の安全性についても対策と目標が示されている。「事故ゼロ」、「人への被害ゼロ」、「環境への被害ゼロ」が目標であり、そのために、潜在的なハザードを洗い出し、あらゆる段階でリスクを管理し、綿密な計画を立てて実施する決意が示される。

　これらの目標は、国際的な合意を踏まえて設定されたものであり、持続可能な開発の達成に向けて十分に意欲的な水準に設定されているように見える。一方、成果指標については、目標の中には、明確で定量的な指標が示されていないものがある。それぞれの目標の達成状況を測るため、適切な指標を設定することが望ましい。

ステップ4 （経営への統合）

　サステナビリティ報告書の巻頭において、CEOから温室効果ガスの排出削減に向けた強いコミットメントが示されている。事業活動における排出量の「削減」、製品の「改善」、及び低炭素事業の「創出」が目指される。これを促進するインセンティブとして、2019年からは年間賞与の対象となる約3.6万人の従業員や執行役員について、報酬基準のひとつが排出削減目標に結びつくこととなった。経営者のコミットメントを示す具体的な証に見える。

　さらに社内の低炭素化の動きを促進するため、世界各地のBP事業者を対象とした「低炭素推進認定プログラム」を2018年から実施している。温室効果ガス排出量の削減、再生可能エネルギーの開発、低炭素化推進のための研究といった面で、大きな功績のあった事業者の活動を、BPとして認定するプログラムである。2019年には52件の活動が認定された。

　また、社外パートナーとの協働にも、各方面で積極的に取り組んでいる。例えば、炭素価格の設定における協働が具体例である。同社は、炭素価格の設定は社内を含むバリューチェーンにおける低炭素化の動きを促進し、温室効果ガス排出量削減につながる最も効率的な方法であるとみなしている。同価格が適切に設定されるよう欧州、カナダ、豪州、中国などの政策立案者と連携を進めている。天然ガスの主成分であるメタン排出量の削減についても、同業者、学術機関と共同で取り組んでいる。OGCI（Oil and Gas Climate Initiative）の主要メンバーとして、加盟企業全体のメタン排出の削減目標を設定した。また、2018年には、ロンドン、ワシントン、北京でステークホルダー・ラウンドテーブルを開催し、メタン排出対策について議論した。

ステップ5 （報告とコミュニケーションを行う）

　BPの持続可能な開発に向けての方針は、サステナビリティ報告書及び年報の中でまとめられている。この報告書は、石油とガス関連産業の業界団体であるIPIECAの「サステナビリティ・レポーティング・ガイダ

ンス」[76] に沿って作成されている。非財務情報の開示については、GRI スタンダードの「中核」オプションに準拠しており、さらに TCFD が推奨する情報開示にも対応している。

特にサステナビリティ報告書の作成に当たっては、BP の主なステークホルダーグループを代表する、投資家、NGO、ビジネスパートナーなど、約100の団体と打ち合わせが行われた。優先課題の設定に際しては、ステークホルダーにとっての重要度と、それらが BP の戦略遂行能力にどのような影響を与えるかに応じて決定された。

ネスレ

ネスレ（Nestlé）は、スイスに本社を置く、世界最大の食品・飲料会社である。ミネラルウォーターやベビーフード、コーヒー、乳製品、アイスクリームなど、さまざまな製品を取り扱っている。ネスカフェ、キットカット、マギー、ペリエといった 8,000 以上の国際ブランドを扱っている。事業展開は世界 190 カ国に広がり、全体の従業員数は 30.8 万人、グループ売上高は 914 億スイスフラン（約 940 億ドル）に至る[77]。

同社は「共有価値の創造（CSV）」経営の先駆者であると広く見なされている。共有価値の創造とは、日本の「三方良し（売り手良し・買い手良し・世間良し）」に通じる考え方である。企業が社会課題の解決に対応することで、経済的価値と社会的価値をともに創造しようとするアプローチである。「共有価値の創造レポート（Creating Shared Value Report）」を毎年発行しており、同社の持続的開発への取り組みも、その中で取りまとめられている。

2018 年版のレポート[78] では、その巻頭において会長と CEO が、共通価値の創造に向けた明確なメッセージを次のように示している。

・「長期的に成功するためには、株主の皆様と社会の双方に価値を創造しなければなりません。私たちは『共通価値の創造』を経営戦略の一環として位置づけています」

・「私たちは、他のステークホルダーを犠牲にして、株主のために長期的に

持続可能な価値創造を最大化することはできません」
・「共有価値の創造は、私たちが消費者と関連性を保つことを保証するのに
　　役立ちます」
　同社の経営戦略は、「共有価値の創造（CSV）」を理解するための教材
としても使われており、研究者や実務家から関心を集めている。
　同社が社会の価値や消費者側とのつながりを重視するのは、そのひとつ
の背景として、開発途上国における乳児の健康被害の発生から「ネスレ・
ボイコット」に至るまでの、かつての苦い経験があると推測される。もと
もと同社は、乳児用の粉ミルクや食品が主力製品であった。創業者で薬剤
師のアンリ・ネスレが 1867 年に開発した乳児用粉ミルクは、栄養素が豊
富で母乳に代わる代替品として、瞬く間にヨーロッパで普及した。第二次
世界大戦後も順調に事業を拡大したが、1960 年代に欧米での出生数が減
少に転じると、粉ミルクの販路をアフリカ、南米、アジアといった開発途
上国に求めることになった。各地に拠点を設け、宣伝費を投じ、粉ミルク
による育児を奨励した。
　同社の粉ミルク事業は各地で成功したものの、結果として多くの乳児の
命が失われることになった。その主な原因は、当時の開発途上国の劣悪な
衛生環境であり、十分に煮沸ができないまま不衛生な水や哺乳瓶を使って
粉ミルクが使われたことで、乳児に深刻な健康被害がもたらされた。
　この状況を告発するため 1974 年に「The Baby Killer[79]」という冊子が
英国で出版された。この冊子は、翌年にスイスの活動家によりドイツ語に
翻訳され、「Nestlé tötet Babys（ネスレが乳児を殺す）」というタイトルが
付けられた。同社は、これを名誉棄損として訴訟を起こした。長い裁判の
あとに最終的に同社側が勝訴したが、この裁判を通じて「ネスレが乳児を
殺す」という言葉が世界に広まることになった。1977 年からは、同社の乳
児用粉ミルク・乳幼児用食品販売戦略に対する抗議行動・不買運動（ネスレ・
ボイコット）が展開することになった。「共有価値の創造（CSV）」経営の
先駆者として、同社が社会のための価値創造を重視しているのは、地域社
会の現状を十分に顧みず、事業拡大によって経済的価値のみを追求する経
営の危うさを、この一連の騒動によって痛感したためではなかろうか。

同社の持続的開発に関するこれまでの取り組みや実績、今後の方針については、前述のように「共有価値の創造レポート」の中で示されている。2018年版の報告書に掲載されている公開情報に基づき、同社の持続的開発への取り組み状況を検証した。SDGコンパスのステップに沿って評価すると表5-2のとおりである。

ステップ1（SDGsを理解する）

　同社では、「共有価値の創造」が事業活動の骨幹にある。事業を通じて企業が社会課題の解決に貢献することが目指されている。事業が社会と最も深く交わる分野として、「栄養と健康」、「農村開発」、「水と環境保全」の3分野が特定されている。事業と関係するさまざまな分野で、持続可能

表5-2　ネスレの持続的開発への取り組みの評価

ステップ	チェック項目	評価点
1	本業を通じて持続可能な開発に取り組む姿勢が示されているか	2
1	環境、社会、ガバナンスのすべての側面が報告対象になっているか	2
1	バリューチェーン全体が考察対象になっているか	2
2	中長期的なリスクが漏れなく把握され、十分に対応されているか	2
2	持続的開発につながるビジネスチャンスが特定されているか	2
3	持続可能な開発に向けて十分に意欲的な目標が設定されているか	1
3	適切な指標が設定されているか	2
4	経営者のコミットメントを示す具体的な証があるか	2
4	持続的開発に取り組むうえで、社外のパートナーとの協働があるか	2
5	報告内容を確定するにあたり、ステークホルダー・エンゲージメントが十分に行われているか	2
合計（20点満点）		19

（2：十分にあてはまる、1：部分的にあてはまる、0：あてはまらない）

な開発に向けた取り組みが示されている。

　バリューチェーン上の課題も報告対象になっている。同社のバリューチェーンは、コーヒーやカカオ、パームオイルの農園、食品加工場、漁場など幅広く展開する。こうした場において、例えば、強制労働、児童労働といった人権侵害が起こる状況を特定し、これに対処する能力の強化を進めている。同社が単独で取り組むことの限界も認識しており、人権に関する調査機関、経済団体、公的機関との共同で活動を展開している。

ステップ2（優先課題を決定する）

「栄養と健康」、「農村開発」、「水と環境保全」の3分野において、複数の課題が特定されている。それぞれ将来の事業リスクが分析され、同社が、これにどのように対応するかが示される。社会課題の解決に寄与する事業機会についても提示されている。

　例えば、「栄養と健康」分野では、同社食品の栄養バランスの改善が示される。Nestlé は、さまざまなチョコレートやスナック菓子、ソフトドリンクを販売しており、砂糖、ナトリウム、飽和脂肪酸の過剰消費といった問題と無縁ではない。SDGs ゴール3（ターゲット 3.4）に示されるように、栄養バランスの崩れた食事は、肥満、糖尿病、心臓疾患といった非感染性疾患を引き起こしかねない。同社は、世界保健機関（WHO）の勧告に従い、消費者に大きな影響を与える可能性のある製品において、砂糖、ナトリウム、飽和脂肪の削減に積極的に取り組んでいる。砂糖や甘味を大幅に抑えた天然の代替品も提供している。また、栄養バランスの改善に向けた商品開発にも積極的に取り組んでいる。食品・飲料において、野菜、繊維豊富な穀物、パルプ、ナッツ、種子の利用を増やしており、朝食用のシリアルについては、全粒穀物を主原料とすることを目指している。

「農村開発」の分野では、製品の原材料である農産物の安定的な確保が中長期的なリスクとして認識されている。同社によると、各地の農業は気候変動や水不足などの影響を受けて疲弊しており、農業は低下傾向にある。若年層は都市に移住し、農業人口の高齢化が進んでいる。こうした傾向に歯止めをかけぬ限り、将来は安定的に原材料を調達することが困難になる。

そこで、同社は、農業を魅力的なビジネスとするために、農家への技術支援を展開している。2018年には、世界全体で44万人の農家に研修機会を提供した。また、農業従事者の生産性を高めるため、農家の食生活の改善にも取り組んでいる。料理レッスンや栄養教室、栄養価の高い野菜の普及など、農家の栄養改善に向けた活動を各地で展開している。

　贈収賄といったガバナンス面のリスクにも対処している。従業員や関係者が匿名で違法行為や不遵守行為を通報できるシステムを持っている。2018年には1,873の通報があり、12件の贈収賄が発覚したとのことである。「水と環境保全」分野でも、やはり自然環境の悪化よって、農作物が安定的に調達できず、食品加工にも支障がでることが中長期的なリスクとして受け止められている。特に、水不足は深刻な問題と考えられており、酪農家やコーヒー農園などに対し、水利用の効率化に向けた技術協力を行っている。また、食品加工の現場で回収した排水を再利用して、水の自給を進めるゼロ・ウオーター技術も開発中である。

　温暖化ガスの排出削減にも取り組んでいる。気候変動は農業に直接的なインパクトがあり、同社の調達に悪影響を及ぼすからである。生産、物流の過程での効率化を進め、排出量の削減に努めている。また、廃プラスチックが河川や海洋の汚染につながり、これも原材料の調達に悪影響を及ぼすことも認識している。容器のリサイクルを進めるとともに、海洋生分解可能なボトルの開発にも取り組んでいる。

ステップ3（目標を設定する）

「栄養と健康」、「農村開発」、「水と環境保全」の各分野で、課題ごとに明確な目標が、具体的数値とともに設定されている。また、これまでの実績も示されている。例えば、「栄養と健康」に課し、製品からの砂糖、ナトリウム、飽和脂肪酸の削減について次のような目標が設定される。

- ・2020年までに食品や飲料に加える砂糖を5％削減する（2018年実績：0.8％）
- ・2020年までに製品に加えるナトリウムを10％削減する（同：2％）

・2020 年までにすべての関連製品において飽和脂肪酸を 10％削減する（同：7％）

同様に「水と環境保全」分野についても、容器包装や産業廃棄物の削減に向けて次のような目標と実績が示される。

・2020 年までに容器包装を 2015 年から 14 万 t 削減する（同：11.8 万 t 削減）

・2020 年までに産業廃棄物ゼロを達成する（同：2008 年以降で 91.6％削減）

多くの課題について明確な数値目標が設定され、実績も示されている。だが、それぞれが 2020 年までの短期的な目標であり、中長期的な課題に取り組むうえで、これが十分な目標値なのかわからない。また、実績は 2018 年の数値だけが示されており、経年変化を確認することができない。「共有価値の創造レポート」の巻末には、KPI（成果指標）として GRI スタンダードの分類に沿った対照表がある。経済、栄養、農村開発、水、環境持続性、人権とコンプライアンス、従業員といった区分で、成果指標と 2017 年と 2018 年の実績値が示されている。だが、本文中で各課題に設定された目標や指標と必ずしも整合しておらず、ここでも過去の実績の確認には限界がある。

ステップ4（経営への統合）

会長と CEO といった経営トップが、「共通価値の創造」を経営戦略の一環とすると明言しており、持続可能な開発への取り組みが経営に統合されていることが示される。Nestlé は、国連グローバル・コンパクト・リードの創設メンバーであり、持続可能な社会を追求するうえで民間セクターを牽引する立場にある。

ステップ5（報告とコミュニケーションを行う）

報告書の作成に際しては、幅広いステークホルダーと継続的な対話を行ったことが示される。そのなかには、投資家、非政府機関、シンクタンク、財団、機関、ESG サービス、消費者、サプライヤーなどが含まれる。マ

テリアリティの特定に際しても、ステークホルダーとの対話の結果がベースとなっている。非財務情報の開示については、GRIスタンダードの「包括」オプションに準拠しており、多くの関係者を包摂して報告書を作成したことがここからも伺われる。

ユニリーバ

　ユニリーバ（Unilever N.V.／Unilever plc）は、オランダと英国に本拠を置く世界有数の一般消費財メーカーである。設立は1929年であり、オランダのユニマーガリン社と、英国の石鹸メーカーであるリーバブラザーズ社の合併により登場した。現在は、食品及び飲料、洗剤、ヘアケア、スキンケア、トイレタリーなどの家庭用品を製造・販売している。Lux、Dove、Clear、mod'hair、Jif、Liptonなど400以上の国際的ブランドを擁し、現在世界180カ国以上に支店網を展開している。2018年のグループ売上高は510億ユーロ（約569億ドル）であった[80]。

　同社は、世界に先駆けて持続可能な開発への取り組みを企業戦略の中核に位置付けている。SDGsが登場する5年前の2010年に「ユニリーバ・サステナブル・リビング・プラン」を発表し、持続可能な成長を目指す新たなビジネスモデルの確立を提唱した。「サステナビリティを暮らしの"あたりまえ"にすること」を自社のパーパス（存在意義）と位置付け、環境負荷の削減やサプライチェーン上の社会環境配慮を重視してゆく姿勢を表明している。この「プラン」は、「サステナブル・リビング・レポート」の中にまとめられ、定期的に更新されている。直近のレポートは2017年版[81]であり、2018年には進捗を示すデータ[82]が公開されている。

　そもそも同社は、なぜサステナビリティに取り組むのか。「プラン」が登場した2010年の時点では、まだSDGsは登場しておらず、サステナビリティという概念も周知されてはいなかったはずである。この疑問に対して、2010年版レポート[83]では、次のように回答している。

　①消費者の関心事だから：世界中の消費者が製品を選ぶときには、それが環境や人に配慮してつくられたものかどうかを確かめたいと考えてい

る。サステナビリティに配慮したブランドはより価値のあるブランドだと見なされる。

②小売・流通業者との関係を強化できるから：小売・流通業者もサステナビリティに関する目標を持っており、ユニリーバがこれに協力することは、小売・流通業界との関係強化につながる。

③製品開発に将来性があるから：サステナビリティに配慮した製品やパッケージの開発は、将来性のある分野である。

④途上国でのビジネス拡大につながるから：当社の売上の半分以上は途上国でのビジネスが占めている。途上国では環境や衛生面で問題があるが、これらの障壁を取り除くことは、ビジネスの将来の成長を加速させることになる。

⑤コスト削減につながるから：サステナビリティを追求すると、エネルギー削減、パッケージ削減、廃棄物の削減が進み、これはコスト削減効果がある。

2010年に示した同社のサステナビリティ経営戦略は、実際に成功したのだろうか。2019年に同社から公表されたデータによると、この戦略はビジネスの拡大につながった。例えば、サステナビリティを考慮したブランドは他と比べてパフォーマンスが高いことが、同社調査によって判明した。2018年の時点で、同社の「プラン」に基づいて開発されている28のブランドは、他ブランドと比較して69％も成長率が高く、全売上高の成長の75％を占めていた※84。同社の「Making Purpose Pay」報告書※85によると、消費者の半分以上がサステナビリティを配慮したブランドの製品を購入したいと望んでおり、33％が既にこうした製品を購入している。サステナブルで環境に配慮した製品を購入時に、満足感を覚える消費者の比率は、英国では53％、米国では78％、ブラジルでは85％、インドでは88％とのことである。こうした傾向が現れた要因として、同社は「消費者が、ブランドが社会・環境問題に与える影響や、日常の買い物の選択を通じて自らができる違いについて、はるかに意識するようになったこと」を挙げている。ソーシャル・メディアの成長と、ブランドと消費者がより密接な関係を持つ機会が増えたことが、こうした意識を後押ししていると分

析している。

さらに、同報告書で引用されているニールセンとボストン・コンサルティング・グループによる調査によると、2014 年の時点で米国の消費財の 16.5 ％が「責任のある製品（responsible products）」と呼ばれているものであり、これらは毎年 9 ％で売り上げが伸びている。この傾向が続くと、2019 年までにこうした製品が欧米市場の 7 割を占めることになると予測されている。

サステナビリティに配慮した製品を開発し、これを市場に提供することは、社会や環境の持続可能な開発に貢献するだけでなく、ビジネスの成功につながることが同社の過去 10 年の経験で示されている。

なぜ同社が 2010 年という早い時点で、社会や環境面の課題に取り組むに経営が成功につながると理解できたのか。それは、同社が洗剤、トイレタリーやヘルスケアなど保健や衛生に関わる商品を扱っていること、さらに、売り上げの過半が開発途上国で占められていたことが要因だったと推測される。第 1 章で示したように、SDGs が登場する以前の 2000 年から 2015 年まで、MDGs（ミレニアム開発目標）の達成が開発途上国で目指されていた。保健や衛生状況の改善は MDGs の主要テーマであり、各地でさまざまなプログラムが実施された。創業時の英国での経験から、同社は、石鹸の利用が衛生的な習慣を根付かせるうえで重要な役割を担うことを認識しており、開発途上国で石鹸を使った手洗い運動や衛生施設の改善事業を、NGO や国際機関などとともに進めた。こうした活動を通じ、MDGs のような開発目標の達成への取り組みが、自らのビジネスの拡大につながると理解されたのではなかろうか。

同社の持続的開発に関するこれまでの取り組みや実績、今後の方針については、前述のように「サステナブル・リビング・レポート」の中で示されている。2017 年版の報告書及び 2018 年の進捗報告における公開情報に基づき、同社の持続的開発への取り組み状況を検証した。SDG コンパスのステップに沿って評価すると表 5-3 のとおりである。

表5-3　ユニリーバの持続的開発への取り組みの評価

ステップ	チェック項目	評価点
1	本業を通じて持続可能な開発に取り組む姿勢が示されているか	2
1	環境、社会、ガバナンスのすべての側面が報告対象になっているか	2
1	バリューチェーン全体が考察対象になっているか	2
2	中長期的なリスクが漏れなく把握され、十分に対応されているか	2
2	持続的開発につながるビジネスチャンスが特定されているか	2
3	持続可能な開発に向けて十分に意欲的な目標が設定されているか	2
3	適切な指標が設定されているか	2
4	経営者のコミットメントを示す具体的な証があるか	2
4	持続的開発に取り組むうえで、社外のパートナーとの協働があるか	2
5	報告内容を確定するにあたり、ステークホルダー・エンゲージメントが十分に行われているか	2
	合計（20点満点）	20

（2：十分にあてはまる、1：部分的にあてはまる、0：あてはまらない）

ステップ1（SDGs を理解する）

　ユニリーバは、前述のように「サステナビリティを暮らしの"あたりまえ"に」を同社のパーパス（存在意義）と位置づけている。社会や環境に明確に良い影響を与えるブランドを「パーパス主導ブランド（purpose-led brands）」と区分し、その数を増やす予定である。これは、社会や環境への貢献を利益に優先するということではなく、こうした貢献につながるビジネスこそが大きな利益を生み出すと認識されているためである。「ユニリーバ・サステナブル・リビング・プラン」の中でも、「パーパス主導ブランドが成長を加速する（Purpose-led brands will drive growth）」と表現されている。本業を通じて持続可能な開発に取り組むという意識が経

営に深く刻まれている。対象となる分野も社会、環境、経済、ガバナンスのそれぞれが遍くカバーされている。

また、後述のようにバリューチェーン上の課題も広く報告対象になっている。製品の消費から廃棄、販売、原材料の調達過程までの状況が遍く考察されている。

ステップ2（優先課題を決定する）

「ユニリーバ・サステナブル・リビング・プラン」では、同社の事業が社会と深くかかわる分野として「健やかな暮らし」、「環境負荷の削減」、「生活の向上」という３つのテーマと、それを構成する下記の９つのコミットメントが特定されている。それぞれについて、将来の事業リスクとそれへの対応、さらにビジネス機会の可能性が分析されている。

テーマ	コミットメント
健やかな暮らし	①健康と衛生、②栄養
環境負荷の削減	③温室効果ガス、④水、⑤廃棄物、⑥持続的調達
生活の向上	⑦職場での公正、⑧女性の機会、⑨包摂的ビジネス

まず「健やかな暮らし」における「①健康と衛生」に関しては、事業リスクよりも、同社の製品を通じて社会課題に貢献する可能性が示されている。石鹸、浄水器、歯磨き粉などは、同社のトイレタリー分野の主力製品である。特に開発途上国において手洗い運動のような啓発プログラムを展開し、同社の製品の利用を通じ、健康や衛生面で大きな貢献をすることが目指されている。

「②栄養」については、やはり食品・飲料のブランドを擁する同社としては、製品の消費によって顧客の栄養バランスが崩れ、肥満や心臓管疾患といった非感染症疾患を引き起こすことが事業リスクとなる。そのため、塩分、糖分、飽和脂肪、トランス脂肪の４成分について、製品の栄養評価を行い、それぞれの削減を進めている。

「環境負荷の削減」に関しては、洗剤や石鹸を製造販売する同社にとって、「④水」が事業に大きな影響を与える。当然ながら、こうしたトイレタリー

製品は水がないと利用できない。同社の調査によると、バリューチェーン上で水を最も利用するのは、製品の消費者であった。特に洗濯時の水利用が最も大きいことがわかった。そこで、特に水不足が深刻な国々（中国、インド、インドネシア、メキシコ、南アフリカ、トルコ、米国）において、製品使用1回あたりの水使用量を調査し、現地の消費者の節水を促すとともに、節水型洗剤の開発を進めている。

　さらに原材料、特に農林産物の調達も事業リスクとして認識されている。同社の原材料の半分は農業、林業から得られている。地球温暖化や廃棄物の投棄による汚染は、農林業に深刻な影響を与え、「⑥持続的調達」を困難にする。製品のライフサイクルからの温室効果ガスの排出量削減、パッケージの資材の量の削減、再利用、リサイクルを進めている。

「生活の向上」については、バリューチェーン上での人権や労働環境が事業リスクとして特定されている。「⑦職場での公正」を進めるため、「ビジネスと人権に関する国連指導原則」に沿った調達の実施、労災の削減に取り組んでいる。さらに、開発途上国での事業を通じ、小規模な農家と流通業者の生計向上にも貢献している。特に同社の重要市場であるインドでは、農村部の女性を販売員として教育し、製品の販売をアウトソースする事業（Sakti プロジェクト[※86]）を展開している。現地の貧困女性の自立化を促進するとともに、同国でのビジネス拡大につながっている。

ステップ3（目標を設定する）

　2010年に示された「ユニリーバ・サステナブル・リビング・プラン」には、3つのテーマについて2020年までの目標が次のように明記されている。

テーマ	目標
健やかな暮らし	10億人以上が、健やかな暮らしのための行動を取れるよう支援します。
環境負荷の削減	製品のライフサイクル全体からの絶対量の削減を達成し、当社の成長を環境負荷から切り離します。自社製品の製造及び使用からの環境負荷を半減させることが目標です。
生活の向上	ユニリーバのサプライチェーンにかかわる何十万人もの方々の生活の向上に貢献します。

3つのテーマだけでなく、①〜⑨のコミットメントについても具体的な目標が設定されている。その後に作成された「ユニリーバ・サステナブル・リビング・レポート」の中で、各年度の実績が報告されている。2017年の同レポートでは、例えば、「①健康と衛生」に関して、下記のような実績報告がある。目標の設定は具体的であり、それぞれ実績が「達成済み」、「On-Plan」、「Off-Plan」の3つ基準で評価されている。

　このように、2010年の「ユニリーバ・サステナブル・リビング・プラン」には、10年後までの長期的で意欲的な目標が設定されており、今日まで首尾一貫して、これらの目標の達成に取り組まれていることがわかる。進

「①健康と衛生」

コミットメント	パフォーマンス	評価
2020年までに、10億人以上の人々の健康と衛生状態の改善を支援する。	手洗い、衛生、口腔衛生、安全な飲料水に関するプログラムなどを通じて、2017年末までに支援対象者は約6.1億人に到達した。	On-Plan

ターゲット	パフォーマンス	評価
Lifebuoy石鹸（同社ブランド）を通じ、2020年までに、石鹸で手洗いすることのメリットを促進することにより、アジア、アフリカ、ラテンアメリカの10億人の消費者の衛生行動を変える。	2010年以降、4.3億人以上に到達。	Off-Plan
さまざまな浄水器を通じて、2020年までに1500億リットルの安全な飲料水を提供する。	Pureit浄水器（同社ブランド）により2017年までに960億リットルの安全な飲料水を提供した。2017年だけで、Pureit浄水器は110億リットル以上を提供した。	On-Plan
2020年までに、清潔なトイレを使用することの利点を啓発し、2,500万人の人々がトイレへのアクセスを改善できるよう支援する。	2012年から2016年にかけて、1,000万人を超える人々に対しトイレへのアクセスを改善するのを支援した。	On-Plan
歯磨き粉と歯ブラシのブランドと口腔の健康改善プログラムを使用して、子供と、その両親が昼夜を磨くよう働きかける。2020年までに5000万人を対象とする。	既に5000万人以上に到達した。2017年までに、合計は約7,800万に増加した。	達成済み

出所：Sustainable Living Report 2017, Unilever

捗の報告も定期的であり、それぞれわかりやすい。

ステップ4（経営への統合）

2010年に発表された最初の「ユニリーバ・サステナブル・リビング・レポート」において、当時のCEOが、持続可能な成長に向けた同社のコミットメントを次のように説明している[87]。

「将来にわたって成長し続けるためには、何かを犠牲にすることはできません。環境への負荷を減らしながら、社会にとっても有益であるような新しいビジネスモデルを確立する必要があります。ユニリーバは、あらゆる意味で持続可能な企業を目指しています」。

「ユニリーバは、サステナビリティと利益ある成長は対立するものではないと考えています」、「地球の中で生きるためには、成長を環境負荷から切り離さなければならないことをユニリーバは知っています」。

SDGsが登場する5年前に、持続可能な開発に向けたビジネスモデルの必要性をこのように認識していたことは注目される。同社の前CEOは、2012年に国連の著名人会議に参加し、ビジネス界を代表してSDGsの形成に向けて尽力した[88]。SDGsの準備段階から、持続可能な開発に向けた経営者のコミットメントが示されている。

SDGsの達成が同社だけの取り組みでは不十分であることも認識されている。2016年には、世界経済フォーラムの諮問機関である「ビジネスと持続可能な開発委員会」の立ち上げに参画し、世界の経営者の啓蒙に努めている。同委員会が2017年に発表した「より良きビジネス　より良き世界」報告書[89]では、持続可能なビジネスモデルによりもたらされる経済的機会が、2030年までに12兆ドルに相当することが示されている。

ステップ5（報告とコミュニケーションを行う）

同社のマテリアリティの評価に際しては、「事業への影響」と「ステークホルダーにとっての重要性」の2つが判断基準として採用された。まず、事業への影響について、さまざまなテーマを経済成長、コスト、リスク、信頼性への影響に関して評価付けした。その後、消費者、顧客、NGO、投資家、サプライヤー、従業員などのステークホルダーに関する調査と分

析を行った。続いて、妥当性や戦略との整合性が確認され、最終的にマテ
リアリティ項目が特定された。報告内容を確定するにあたり、ステークホ
ルダー・エンゲージメントが十分に行われていることが伺われる。

┃ トヨタ　　　　　　　　　　　　　　TOYOTA

　トヨタ（トヨタ自動車株式会社）は、日本の大手自動車メーカーである。
豊田自動織機を源流とするトヨタグループの中核企業で、ダイハツ工業と
日野自動車の親会社、SUBARU の筆頭株主である。トヨタグループ全体
の 2018 年の世界販売台数は約 1,059 万台で 3 位、トヨタブランド単独で
は約 890 万台で世界 1 位である。従業員数と子会社数は連結でそれぞれ
37 万人、608 社である。2019 年度の売上高は 30 兆円（約 2,700 億ドル）
に達する[90]。

　世界有数の自動車メーカーとして大きな成功を収めている同社である
が、自動車業界の将来には大きな危機感を持ち、今日を「100 年に一度
の大変革の時代」とみなしている[91]。そのひとつの理由は急激な技術革
新である。自動車産業は、いわゆる CASE（Connected, Autonomous,
Shared, Electric）時代に突入しており、個人が車を所有するという形態
から、ライドシェアや配達代行サービスなど安くて便利に利用できるサー
ビスを利用するという形態へと移行することが予想されている。自動車の
販売台数や利益は減り、収益源は移動に関するサービスの提供側にシフト
することになる。こうした状況を踏まえ、トヨタは「自動車をつくる会社」
から、「モビリティカンパニー」に変わる決意を示している。CASE 時代
に備えるため、あらゆるモノやサービスがネットを介してつながる都市「コ
ネクティッド・シティ」を富士山の裾野に建設する構想を表明している。

　地球温暖化の危惧も同社にとっては明らかなリスクである。欧州各国は、
2025 年からガソリン車、ディーゼル車の新車販売を禁止することになっ
ている。中国政府も規制を開始すると発表した。自動車は利用時のみなら
ず製造過程でも大量の温室効果ガスを排出する。脱炭素の流れに対応でき
ない企業は、中長期的に持続可能でない。そこでトヨタは、2015 年 10 月

に「トヨタ環境チャレンジ2050」を公表し、クルマの環境負荷をゼロに近づけるとともに、地球・社会にプラスとなる取り組みを通じて、持続可能な社会の実現に貢献することを表明している。

　トヨタの持続的開発に関するこれまでの取り組みや実績、今後の方針については、「サステナビリティ・データブック※92」の中で示されている。環境分野での取り組みは、別途「環境報告書※93」の中にもまとめられている。2019年版の両報告書に掲載されている公開情報に基づき、同社の持続的開発への取り組み状況を検証した。SDGコンパスのステップに沿って評価すると次頁表5-4のとおりである。

表5-4：トヨタの持続的開発への取り組みの評価

ステップ	チェック項目	評価点
1	本業を通じて持続可能な開発に取り組む姿勢が示されているか	2
1	環境、社会、ガバナンスのすべての側面が報告対象になっているか	2
1	バリューチェーン全体が考察対象になっているか	2
2	中長期的なリスクが漏れなく把握され、十分に対応されているか	2
2	持続的開発につながるビジネスチャンスが特定されているか	2
3	持続可能な開発に向けて十分に意欲的な目標が設定されているか	2
3	適切な指標が設定されているか	2
4	経営者のコミットメントを示す具体的な証があるか	2
4	持続的開発に取り組むうえで、社外のパートナーとの協働があるか	2
5	報告内容を確定するにあたり、ステークホルダー・エンゲージメントが十分に行われているか	2
合計（20点満点）		20

（2：十分にあてはまる、1：部分的にあてはまる、0：あてはまらない）

ステップ1（SDGs を理解する）

「トヨタ環境チャレンジ 2050」では、クルマの環境負荷をゼロに近づけることで持続可能な社会の実現に貢献する意思を示している。また、「100年に一度の大変革の時代」を迎えるにあたり、「Mobility for All」というコンセプトのもと、社会的弱者を含め、すべての人々に移動の自由を届けることを会社の使命と位置付けている。狭義の社会貢献事業ではなく、本業を通じて持続可能な開発に取り組む姿勢が明確に示されている。さらに、「サステナビリティ・データブック」では、社会、環境、ガバナンスの各側面から中長期的なリスクと機会について整理がある。検討の対象は幅広く、さまざまな課題が漏れなく取り上げられているように見える。

　また、クルマは約3万点の部品から構成され、サプライチェーンは広く、世界各地に展開している。後述のように、製品の製造のみならず、利用、廃棄の各段階において、社会面、環境面の課題が考察対象になっている。

ステップ2（優先課題を決定する）

「サステナビリティ・データブック」では、社会面の課題として、まず安全への取り組みが示される。道路交通事故はSDGsのターゲット3.6のテーマであり、これを半減させることが目指されている。トヨタは、安全なモビリティ社会の実現に向け、交通死傷者ゼロを目指す技術開発を進めている。例えば、被害軽減ブレーキを含む予防安全システムをすべての乗用車に搭載し、さらに後付けの「踏み間違い加速抑制システム」の展開も順次進めている。こうしたシステムの導入によって、事故が軽減する効果が確認されている。さらに、同社は、1990 年代から自動運転技術の研究開発も進めてきたが、これにより交通死傷者ゼロだけでなく、高齢者や体の不自由な方を含むすべての人が安全、スムース、自由に移動できる社会の実現が目指されている。

　人権の尊重についても、同社の方針が明確に示される。サプライチェーン上での人権侵害は事業リスクであり、その防止のため優先的に取り組む必要がある。同社は、2009 年2月に「仕入先 CSR ガイドライン」を策定し、2012 年にはサプライチェーンに対する人権対応をより明確にするため改

定版を策定し、一層の取り組みの充実・強化を図っている。さらに、従業員やサプライヤーを対象に、人権問題と同様、差別の禁止や開かれた誠実な対話に関わる教育を実施している。

　紛争鉱物に対応する方針も明確である。コンゴ周辺諸国の人権侵害などの不正とかかわる紛争鉱物を原材料として使用しないコンフリクトフリーが目指されている。紛争鉱物の使用状況について、グローバルにサプライチェーンを遡って調査を実施するとともに、サプライヤーに対しても責任のある資源調達への取り組みを要請している。

　自社及びサプライチェーン上の従業員の基本的人権の尊重も重視されている。「差別や危険、健康への懸念がある職場環境での就労は、人権の侵害であるのみならず、従業員の十分な能力発揮を阻害するもの」と認識されている。例えば、非正規労働者の不安定雇用の問題については、こうした労働者は、必要不可欠と認めつつも、不適切な労働条件や雇用とならないように取り組む意思が示される。さらに、「ダイバーシティ＆インクルージョン」の推進を重要な経営基盤のひとつとして位置付けており、2002年から女性活躍推進に取り組んでいるほか、障がい者やLGBTの活躍にも積極的に取り組んでいる。女性活躍や障がい者雇用などの成果指標を設定し、過去数年の実績が示されている。こうした課題への取り組みが単なる言葉だけでなく、実際に現場で実施されていることが伺われる。

　リスクへの対応だけでなく、自社の技術とノウハウを活かしつつ、社会分野の新たな事業機会を開拓することにも意欲的である。産業用ロボットの技術を転用し、2004年より体が不自由な人や高齢者を支援するパートナーロボットの開発を進めている。これまで、遠隔地から操作や会話ができる小型の生活支援ロボットや、下肢麻痺者の歩行訓練などのリハビリテーションを支援するロボットなどが開発されている。モビリティカンパニーへの変革を目指すなかで、すべての人に移動の自由を提供する会社になることが目指されている。

　ちなみに、同社の考える「移動」とは、物理的な移動だけではなく、バーチャルな「移動」、さらに人の気持ちの動き "moved"、すなわち感動も「移動」に含まれる。すべての人々の「移動したい」という希望、そして、夢

を叶えるための「移動」を支援する新しい価値創造に取り組むことが同社の方針とのことである。日本企業の多くは、統合報告書などの中で長期のビジョンや価値創造を明確に示すことが難しいといわれる。そのなかで、こうしたビジョンや価値創造の方針をはっきりと示すことのできるトヨタは一歩先を進んでいるように見える。

　環境への取り組みは、「サステナビリティ・データブック」と「環境報告書」の両者にまとめられている。後者は、前者の環境部分を取り出したものであり、掲載されている情報は共通している。同社は、2015年10月に「トヨタ環境チャレンジ2050」を発表し、2050年のあるべき姿として「人と自然が共生する社会」を提示した。そして、以下の6つのチャレンジを設定し、CO_2ゼロなどに向けた取り組みを示すとともに、貢献するSDGsターゲットを紐づけている。

チャレンジ1：新車 CO_2 ゼロチャレンジ

・従来エンジン車の技術開発をはじめ、電動車の技術進化と普及促進を加速させる。さらに電動車が普及するために必要なインフラ整備についても、ステークホルダーと連携して進める。また、トップクラスの燃費性能を目指す開発も進める

・SDGs の 7.3（エネルギー効率改善）、13.1（CO_2 削減）の達成に貢献する

チャレンジ2：ライフサイクル CO_2 ゼロチャレンジ

・クルマが走行しているときに排出する CO_2 だけではなく、材料製造、部品製造・車両組み立て、メンテナンス、廃棄・リサイクルの各段階を含めて、CO_2 排出量ゼロを目指す

・また、モビリティサービスの提供やエコドライブの普及活動を通じて、モビリティの効率的利用による CO_2 削減を推進する

・SDGs の 12.8（持続可能なライフスタイル）、13.1（CO_2 削減）の達成に貢献する

チャレンジ3：工場 CO_2 ゼロチャレンジ

・クルマの製造時における CO_2 排出量ゼロを目指す。まず、製造工程のシンプル化、スリム化により工程や時間を短縮し、設備の最適化や廃熱の

利用などエネルギーの利用効率を向上させる

・また、太陽光や風力発電などの再生可能エネルギーや水素エネルギーも有効活用する

・SDGsの7.2（再生可能エネルギー導入）、7.3（エネルギー効率改善）、9.1（インフラ開発）、9.4（持続可能な産業プロセス）、13.1（CO$_2$削減）の達成に貢献する

チャレンジ4：水環境インパクト最小化チャレンジ

・雨水回収による工業用水利用量の削減、工程での水使用量の削減、排水リサイクルによる取水量の削減と、高い水質で地域に還すことを推進する

・SDGsの6.3（水質の改善）、6.4（水資源の確保）の達成に貢献する

チャレンジ5：循環型社会・システム構築チャレンジ

・環境負荷を抑えて廃車を処理する社会システムの構築を目指す。世界各地で使用済み自動車（廃車）の資源が再びクルマを製造する際の資源として活用できるよう推進する

・SDGsの9.1（インフラ開発）、9.4（持続可能な産業プロセス）、11.6（都市の環境負荷低減）、12.2（資源の持続可能な管理・利用）、12.4（廃棄物の管理）、12.5（廃棄物の削減）の達成に貢献する

チャレンジ6：人と自然が共生する未来づくりへのチャレンジ

・国内外各地で自然共生プロジェクトを立ち上げ、「地域をつなぐ」活動を推進する。また、国内外のNGOなどと連携した「世界とつなぐ」環境活動や、従業員や次世代などに向けた「未来へつなぐ」環境教育活動を展開する

・SDGsの12.8（持続可能なライフスタイル）、15.1（陸上生態系の保全）、15.a（資金確保）の達成に貢献する

ステップ3（目標を設定する）

　トヨタの環境への取り組みは、「パリ協定」で合意された2℃未満シナリオを念頭に取り組まれていることが示されている。また、同社の持続可能な社会への貢献は、SDGsが目指すものと一致していることが確認されている。

同社は、「トヨタ環境チャレンジ2050」の実現に向けた中長期施策のひとつとして、2018年に6つのチャレンジについて2030年時点の姿を示した「2030マイルストン」を公表した。各チャレンジに、定量的・定性的な指標と目標値が設定されている。2050年といった遠い将来の目標を設

表5-5　トヨタ環境チャレンジ2050と2030マイルストン

環境チャレンジ2050		2030マイルストン
新車ゼロCO₂チャレンジ	2050年グローバル新車平均走行時CO₂排出量の90％削減（2010年比）を目指す	グローバル販売台数で、電動車550万台以上、電気自動車（EV）、燃料電池自動車（FCV）、合計100万台以上。グローバル新車平均走行時CO₂排出量（g/km）は、2010年比で35％以上削減
ライフサイクルCO₂ゼロチャレンジ	ライフサイクル全体でのCO₂排出ゼロを目指す	ライフサイクルでのCO₂排出量を2013年比で25％以上削減
工場CO₂ゼロチャレンジ	2050年グローバル工場CO₂排出ゼロを目指す	グローバル工場からのCO₂排出量を2013年比で35％削減
水環境インパクト最小化チャレンジ	各国地域事情に応じた水使用量の最小化と排水の管理	水環境インパクトが大きいと考える地域から優先的に対策実施
		水量：北米・アジア・南アのチャレンジ優先工場4拠点で対策完了
		水質：北米・アジア・欧州の河川に排水する全22拠点でインパクト評価と対策完了
		適切な情報開示と、地域社会・サプライヤーとの積極的対話の実施
循環型社会・システム構築チャレンジ	日本で培った「適正処理」やリサイクルの技術・システムのグローバル展開を目指す	電池回収から再資源化までのグローバルな仕組みの構築完了
		廃車適正処理のモデル施設を30カ所設置完了
人と自然が共生する未来づくりへのチャレンジ	自然保全活動の輪を地域・世界とつなぎ、そして未来へつなぐ	「自然と共生する工場」を、国内12工場、海外7工場で実現。
		また、地域・企業と連携した自然共生活動をすべての地域で実施
		NGOなどとの連携による生物多様性保護活動への貢献
		未来を担うECO人材を社内外で育む施策の拡充

出所：サステナビリティ データブック2019

定するだけでは、理想像を述べただけで具体的な活動につながらない懸念
がある。責任の所在もあやふやになりかねない。「2030 マイルストン」に
は、同社の中期的な取り組み内容が記されており、チャレンジの達成に向
けたコミットメントが見える（表 5-5）。

ステップ4（経営への統合）

　同社の持続可能な社会に向けた取り組みについては、トップ自らが広告
塔となって内外に決意を表明しているように見える。同社社長は、日本の
大手企業のトップの中では最もメディアに取り上げられているひとりでは
なかろうか。

　組織の中では、サステナビリティ課題解決に向けた推進体制が整備され
ている。2018 年にサステナビリティ会議が設置された。取締役会より権
限を委譲されたチーフリスクオフィサーを議長とし、さまざまの非財務視
点からの課題が議論され、経営の方向性が確認されている。

　特に海外の事業体に対しては、「トヨタ環境チャレンジ2050」の達成に
向けて、グローバル環境表彰を実施している。環境改善活動の促進と、優
秀な改善事例の普及が目的である。2018 年度は、世界6 地域から選抜さ
れた上位チームによる発表会が日本で開催された。

　サプライヤーの環境活動については、「グリーン調達ガイドライン」に
基づく取り組みが進んでいる。2016 年に改訂された同ガイドラインで
は、温室効果ガスの削減、水リスク評価とそれに応じた水環境インパクト
の削減、資源循環の推進、生態系への配慮など、「トヨタ環境チャレンジ
2050」の理念に沿ったより幅広い環境取り組みが推奨されている。

ステップ5（報告とコミュニケーションを行う）

　トヨタは、持続可能な社会に向けた取り組みを、各種報告書やホームペー
ジ、イベント出展なさまざまな媒体で示している。非財務の報告書はどれ
もわかりやすく整理されており、特に「環境報告書2018 年」は、環境省
などが主催する第 22 回環境コミュニケーション大賞「環境報告大賞（環
境大臣賞）」を受賞するほどの高品質であった。

報告書の内容を確定するに際しては、主要ステークホルダーとのエンゲージメントを重視する姿勢が示されている。マテリアリティを特定する際には、ステークホルダーにとっての関心度と自社事業における重要度の両面から検討が進められた。「サステナビリティ データブック」2019年版では、ステークホルダー・エンゲージメントの実施状況が一覧表となって示されている。「お客様」、「従業員」、「取引先」、「株主」、「地域社会・グローバル社会」のそれぞれのステークホルダーについて、「コミュニケーション方法」、「頻度」、「内容」、「企業活動への反映」が具体的に記載されている。

メルボルン大学

メルボルン大学（The University of Melbourne）は、オーストラリアのメルボルン市に所在する州立総合大学である。1853年に設立された名門大学であり、世界大学ランキングでもトップクラスにランクされ、同国の高等教育と研究分野において重要な役割を果たしている。これまでに計17名のノーベル賞受賞者を輩出している。建築学部、工学部、理学部、医学部、法学部など10の学部を擁する。教員数は3,000人を擁し、学部生2.5万人と大学院生8,000人が学んでいる。

同大学は、持続可能な開発には意欲的に取り組んでいる。教育機関としては珍しくGRIスタンダード準拠の「サステナビリティ報告書」を2015年から公開している[94]。さらに、2017年には「サステナビリティ・プラン2017-2020」[95]を発表し、経済、環境、社会の全側面から持続可能な開発に取り組む決意を示している。

同大学が持続可能な開発に真摯に取り組む背景には、おそらくオーストラリアが直面する環境面、社会面の深刻な問題がある。環境面では、周知のとおり広範な森林火災が差し迫った危機となっている。2019年9月に発生した森林火災は2020年になっても鎮火せず、2020年1月の時点で日本の国土面積の約半分にあたる1,700万ヘクタール以上が焼失したと報道されている[96]。消防隊員ら少なくとも28人が死亡、2,700棟以上の住宅

が焼けた。さらに、絶滅危惧種の動物や昆虫を含めた生態系への影響も強く懸念されている。同国において、2019年の平均気温は観測史上最高を記録し、降水量も1900年以降で最も少なく、最悪の干魃状態となった。一般に、山火事になる危険性が高い気象条件は、高温で低湿度、降雨量が少なく強風が伴う天候である。多くの研究の中で、近年の気候変動と森林火災との因果関係が指摘されている[97]。一方、現政権は、主力産業のひとつでもある石炭産業を擁護し、温暖化対策には消極的であると見られている。そのため、学生団体や環境団体が中心となり、政府に対して気候変動対策の強化を求める大規模な抗議活動が展開されている。

　社会面でも移民国としての構造的な問題を抱えている。同国は、先住民アボリジニが居住していた土地に、18世紀にヨーロッパ人の移住が始まり、植民地として開拓され、その後、国家が設立された歴史を持つ。長く先住民を迫害してきた反省から、今では手厚い生活保護を先住民の貧困世帯に支給している。だが、その結果、支給された金銭で飲酒や薬物に手を出す者が増え、都市部では地域住民との衝突が起きている。また、オーストラリアは、もともと白豪主義という考え方のもと、アジア系移民を制限してきた。1970年代にこれは撤回されたが、なお有色人種への心理的差別は残っており、白豪主義に戻ろうとする極右政党が台頭してきている。2016年には、移民のうちアジア出身者の割合が40％に達し、初めて欧州勢を上回った。移民国として社会の差別や貧困、治安といった問題にどう対処してゆくかが差し迫った課題になっている。

　メルボルン大学は、高等教育機関として、このような自国の課題に対処することは責務であると考えている。自らを持続可能な開発に取り組む実証モデルと位置付け、国民を啓発するとともに、それにふさわしい人材を育成することを目指している。こういった取り組みが、同大学の「サステナビリティ・プラン2017-2020」やサステナビリティ報告書の中に示されている。それぞれに記載されている公開情報に基づき、同大学の持続的開発への取り組み状況を検証した。SDGコンパスのステップに沿って評価すると右ページの表5-6のとおりである。

ステップ 1 （SDGs を理解する）

　高等教育機関として、研究と教育という本業を通じて持続可能な開発に貢献する姿勢を、明確に示している。自らのキャンパスを持続可能な開発の「生きる研究所（living laboratory）」と位置付け、コミュニティに青写真を提供することを使命と考えている。さらに、学生が将来、持続可能な開発に向けたリーダーになれるよう、知識や技能を習得する教育プログラムを開発中である。

「サステナビリティ・プラン 2017-2020」では、持続可能な開発に関する同大学の責務が次のように整理されている。

- ・グローバル、国内、ローカルにリーダーシップを発揮すること
- ・コミュニティの行動を支える学際的な知識を生み出すこと
- ・グローバル・シチズンシップを全学生・全職員に積極的に展開すること
- ・先住民の環境保護に対する過去と今後の貢献を認識すること
- ・グローバルな資源の利用における公平性を促進すること
- ・組織活動の透明性と説明責任を確保すること

　同プランでは、調査、教育・学習、エンゲージメント、事業、投資活動、ガバナンスのそれぞれの観点から取り組みと目標が示される。特に、温室効果ガスの排出削減、廃棄物削減・リサイクルといった環境分野では明確な数値目標が設定され、大学としてこれらに強くコミットしていることがわかる。その一方、社会分野の課題については具体的な記述がない。例えば、SDGs のゴール 5「ジェンダー平等を実現しよう」、ゴール 8「働きがいも経済成長も」に関して、問題の分析も取り組みの説明もない。サステナビリティを追求する計画としては、若干テーマが偏っている印象を受ける。

　また、バリューチェーン分析も包括的ではない。後述のように、調達については責任ある調達の方針が示されているが、廃棄物処理など下流部分については報告の対象になっていない。

ステップ 2 （優先課題を決定する）

　同大学は、公立の教育機関であるため、狭い意味での事業リスクとビジ

表5-6：メルボルン大学の持続的開発への取り組みの評価

ステップ	チェック項目	評価点
1	本業を通じて持続可能な開発に取り組む姿勢が示されているか	2
1	環境、社会、ガバナンスのすべての側面が報告対象になっているか	1
1	バリューチェーン全体が考察対象になっているか	1
2	中長期的なリスクが漏れなく把握され、十分に対応されているか	1
2	持続的開発につながるビジネスチャンスが特定されているか	1
3	持続可能な開発に向けて十分に意欲的な目標が設定されているか	2
3	適切な指標が設定されているか	2
4	経営者のコミットメントを示す具体的な証があるか	2
4	持続的開発に取り組むうえで、社外のパートナーとの協働があるか	2
5	報告内容を確定するにあたり、ステークホルダー・エンゲージメントが十分に行われているか	2
合計（20点満点）		16

（2：十分にあてはまる、1：部分的にあてはまる、0：あてはまらない）

ネスチャンスという考え方は当てはまりにくい。しかしながら、自国の持続可能な開発が危機感をもって認識されている状況で、これに貢献できない教育機関は必要性を疑問視されることになりかねない。逆に、持続可能な開発に向けた研究・教育拠点として位置付けられれば、人材と資金をますます集められることになろう。同国の置かれている状況を踏まえれば、持続可能な開発への貢献を自らの責務と考えている背景はこのように伺われる。

　サステナビリティ・プランでは、責任ある調達の方針を掲げている。同大学では、文房具及び事務用品、家具、食品、清掃用品など、さまざまな物品やサービスを調達している。既存の調達契約や現状を見直し、持続可

能な開発の方針にそった調達を進める意思を表明している。ただ、具体例として示されるのは、紅茶やコーヒーに関して、フェアトレード認証、レインフォーレスト・アライアンス認証商品を購入することのみである。また、分析対象になっているのはバリューチェーンの上流にある調達段階のみであり、廃棄物処理など、バリューチェーンの下流の段階についての具体的な分析は見られない。

ステップ3（目標を設定する）

　サステナビリティ・プランにおいて、持続可能な開発に向けた具体的な取り組みと目標が項目別に示されている。その一部を示すと表5-7のとおりである。対象が若干環境分野に偏っているものの、意欲的で明確な目標が設定されている。

ステップ4（経営への統合）

　同大学は、2015年に「持続性憲章（Sustainability Charter）」[98]を採択し、組織として持続可能な開発に取り組む姿勢を明確に示している。「サステナビリティ・プラン2017-2020」も、サステナビリティ報告書も、この憲章に従って作成されている。

　それぞれ冒頭において、持続可能な開発に取り組む決意が副学長から表明されている。大学経営に正式に統合されていることが伺われる。

ステップ5（報告とコミュニケーションを行う）

「サステナビリティ・プラン2017-2020」の作成に際しては、2016年4～8月にかけて、大学職員、学生、卒業生、及び外部のステークホルダーが参画するプロセスがあったとのことである。フォーラムやワークショップを通じて500人弱が参加した。サステナビリティ報告書の作成にあたっても、マテリアリティ特定のプロセスで、さまざまな方面のステークホルダーの参画があった。GRIスタンダードの要求事項に従って十分なステークホルダー・エンゲージメントが行われたことが伺われる。

表5-7：メルボルン大学の持続可能な開発への取り組みと目標（抜粋）

テーマ	目標
教育・学習	2020年までに、すべての学部プログラムにおいて、コース及び／又は専攻レベルで、学生がサステナビリティに関する知識と価値を理解し、現場で実践できるようにする。
エネルギーとCO₂排出	2030年までにカーボン・ニュートラルを達成する。
	2021年までに電力からのネット・ゼロ・エミッションを達成する。
	オンキャンパス・エネルギープロジェクトを通じて、2020年までに年間2万tの炭素を削減する。
水	水使用量を床面積で2015年度比12％削減する。
廃棄物・リサイクル	2020年までに廃棄物の埋め立て量を一人当たり20kgまで削減する。
旅行と運送	職員1人当たりの航空輸送によるCO₂排出量を2020年までに国際線で5〜10％、国内線で10％削減する。
	2020年までに、大学の自動車保有台数を2015年の基準値から20％削減する。
	2018年までに、大学駐車場の10％を自転車駐車場に置き換える。
建造物	すべての新しい建物について、最低5つ星のグリーンスター「設計及び建設済み」の評価（又は同等）を維持し、2020年までに最低6つ星又は同等の評価を達成する。
職員と学生のエンゲージメント	職員と学生の「大学の持続可能性の問題に対する認識レベル」を、認識レベル「高」を15％以上、認識度「中以上」を70％に増やす。

出所：メルボルン大学 サステナビリティ・プラン2017-2020

〈脚注〉

※1 経団連は、'Society 5.0 for SDGs' というサイトの中で、狩猟社会を Society 1.0、農耕社会を Society 2.0、工業社会を Society 3.0、情報社会を Society 4.0 と名付けている。そして、21 世紀以降に迎える未来の社会を Society 5.0 と呼び、そのイメージを示している。

※2 「環境と開発に関する世界委員会」の設置を国連に提案したのは日本政府であった。それを働きかけたのは、ローマクラブの初期メンバーであった大来佐武郎氏（元外務大臣）であった。同氏は、その後、海外経済協力基金総裁、財団法人国際開発センター初代理事長、国際大学初代学長などを歴任する。

※3 15 頁、平成 23 年版「環境白書・循環型社会白書・生物多様性白書」（環境省）

※4 食料や製品の生産から消費までの全過程、あるいは組織・地域において使用される水の総量。ISO（国際標準化機構）が国際規格化に向けた作業を進めている。

※5 http://www.maff.go.jp/primaff/kanko/project/attach/pdf/160331_27cr9_11_chn.pdf

※6 「IPCC 第 5 次評価報告書の概要」2015 年、環境省

※7 http://www.data.jma.go.jp/cpdinfo/temp/an_jpn.html

※8 「地球温暖化の影響予測（日本）」全国地球温暖化防止活動推進センター
https://www.jccca.org/global_warming/knowledge/kno06.html

※9 「IPCC 第 5 次評価報告書の概要」2015 年、環境省

※10 厚生労働省の国民生活基礎調査（2016 年）によると、日本の（相対的）貧困率は 15.7%。国民の 7 人に 1 人が貧困状態で暮らしている。

※11 https://www.ilo.org/global/about-the-ilo/newsroom/news/WCMS_712234/lang--en/index.htm

※12 https://www.unic.or.jp/files/14975_3.pdf

※13 http://www.mofa.go.jp/mofaj/files/000101402.pdf

※14 http://www.soumu.go.jp/main_content/000470374.pdf

※15 http://www.ungcjn.org/index.html

※16 http://www.soumu.go.jp/main_content/000470374.pdf

※17 https://unstats.un.org/sdgs/iaeg-sdgs/tier-classification/

※18 「Japan SDGs Action Platform」外務省　https://www.mofa.go.jp/mofaj/gaiko/oda/sdgs/statistics/index.html

※19 https://s3.amazonaws.com/sustainabledevelopment.report/2019/2019_sustainable_development_report.pdf

※20 "SDG Reporting Challenge 2018", PwC　https://www.pwc.com/gx/en/sustainability/SDG/sdg-reporting-2018.pdf

※21 https://www.jccca.org/chart/chart01_03.html

※22 "Global estimates of modern slavery: Forced labour and forced marriage", 2017, ILO (ilo.org/wcmsp5/groups/public/@dgreports/@dcomm/documents/publication/wcms_575479.pdf)

※23 "Global Estimates of Child Labour", 2017, ILO (https://www.ilo.org/wcmsp5/groups/public/@dgreports/@dcomm/documents/publication/wcms_575499.pdf)

※24 https://www.mofa.go.jp/mofaj/gaiko/csr/pdfs/takoku_ho.pdf

※25 例えば、日本航空は、早くから「声明」の公開に取り組んでいる。2018 年の「声明」は下記のサイトにおいて公開されている。https://www.jal.com/ja/csr/pdf/modern-slavery-act_ja_1903.pdf

※26 https://www.unpri.org/download?ac=6300

※27 "2018 Global Sustainable Investment Review (GSIR)", Global Sustainable Investment Alliance (http://www.gsi-alliance.org/wp-content/uploads/2019/03/GSIR_Review2018.3.28.pdf)

※28 https://www.unepfi.org/banking/bankingprinciples/

※29 https://www.unepfi.org/psi/wp-content/uploads/2012/06/PSI-document_Japanese.pdf

※30 https://www.gpif.go.jp/investment/esg/#b

※31 日本経済新聞・電子版「番付表でみる SDGs 有力企業　高評価の企業集団ほど財務も強く」（2019 年 12 月 2 日付）https://www.nikkei.com/news/print-article/?R_FLG=0&bf=0&ng=DGXMZO527330

※32 Carmen Pilar Marti, M. Ros Rovita-Val and Lisa G. J. Drescher. "Are Firms that Contribute to Sustainable Development Better Financially?". Corporate Social Responsibility and Environment Management 22 (2015): 305-319.

※33 Najul Laskar. "Impact of corporate sustainability reporting on firm performance: an empirical examination in Asia". Journal of Asia Business Studies Vol.12 No.4 (2018): 571-593

※34 湯山（2019）は、その理由として、対象地域・期間の違い、使用している ESG 格付けの差、パフォーマンスの定義、分析手法の違い、因果関係の特定の困難性などを挙げている。湯山智教「ESG 投資のパフォーマンス評価を巡る現状と課題」『東京大学公共政策大学院ワーキング・ペーパーシリーズ』GraSpp-DP-J-19-001、2019 年

※35 https://www.kirinholdings.co.jp/csv/commitment/

※36 https://www.unic.or.jp/files/SDG_Guidelines_AUG_2019_Final_ja.pdf

※37 https://www.pref.nagano.lg.jp/sansei/tourokuseido.html

※38 "Selling Sustainability PRIMER FOR MARKETERS", Futerra, 2015. https://www.wearefuterra.com/wp-content/uploads/2015/10/FuterraBSR_SellingSustainability2015.pdf

※39 社会・環境分野の活動家や NGO などは、世界各地での情報収集のノウハウや分析能力をつけてきている。例えば、英国ベースの国際 NGO である Oxfam は、「Behind the Brands」というウェブサイト（www.behindthebrands.org）を通じて、欧米の主要食品メーカーの環境、社会、ガバナンス面のパフォーマンスの調査結果を公開している。コカ・コーラの得点は 57 点、トワイニングは 36 点などと示されている。

※40 「2018 年 1 月における SDGs 概観」2018 年、朝活セミナー、SDG パートナーズ　田瀬和夫

※41 『新時代の非財務情報開示のあり方に関する調査研究報告書』平成 30 年 3 月、一般財団法人 企業活力研究所　https://www.meti.go.jp/policy/economy/keiei_innovation/kigyoukaikei/pdf/csrreports30report.pdf

※42 「特集 - CSR の観点から問い直す市場の役割と責任」『経済同友』2006 年 3 月号、経済同友会 https://www.doyukai.or.jp/policyproposals/articles/2006/pdf/060523c.pdf

※43 http://iso26000.jsa.or.jp/contents/

※44 「統合報告書発行状況調査 2018　最終報告」株式会社ディスクロージャー＆ＩＲ総合研究所 https://rid.takara-printing.jp/res/report/uploads/2019/02/190225_report_latest.pdf

※45 "INTEGRATED THINKING, An exploratory survey", SAICA　https://www.saica.co.za/Portals/0/Technical/Sustainability/SAICAIntegratedThinkingLandscape.pdf

※46 「高まるレポーティングの重要性と最新動向」GCNJ ミニシンポジウム、2019 年 1 月、サステナビリティ日本フォーラム　後藤俊彦代表理事

※47 「最終報告書：気候関連財務情報開示タスクフォースによる提言」2017 年、TCFD

※48 「気候関連財務情報開示タスクフォース（TCFD）の概要」2019 年、環境省

※49 経済産業省は、TCFD に署名を行うとともに、2018 年 12 月に「気候関連財務情報開示に関するガイダンス(TCFD ガイダンス)」を取りまとめた。これは、TCFD 提言に沿った情報開示を行うにあたって参考となる事例の紹介と、業種ごとに事業会社の取り組みが表れる「視点」の提供を目的とした解説書である。https://www.meti.go.jp/press/2018/12/20181225012/20181225012-2.pdf

※50 「気候変動と金融―TCFD 提言を背景に―」RICF Research Note.2、2019 年、日本政策投資銀行

※51 GRI スタンダード日本語版は下記サイトからダウンロード可能である。https://www.globalreporting.org/standards/gri-standards-translations/gri-standards-japanese-translations-download-center/

※52 SASB スタンダード（英文）は下記サイトからダウンロード可能である。https://www.sasb.org/standards-overview/download-current-standards/

※53 GRI スタンダードの前身の GRI ガイドライン（第四版）では、「空港運営」、「食品加工」、「建設・不動産」、「メディア」、「電子機器」、「鉱業・金属」、「イベント運営」、「NGO」、「金融サービス」、「石油・ガス」の 10 業種について、情報開示の補助的な案内があった。GRI スタンダードが発行されてからは、こうした業種別の解説書は作成されていない。

※54 SASB スタンダードによる業種分類と、それぞれの開示項目、指標は「SASB Materiality Map」としてウェブサイトで一覧が示されている。https://materiality.sasb.org/

※55 SASB INDUSTRY STANDARDS A field guide', SASB http://library.sasb.org/wp-content/uploads/2017/01/SASB_FieldGuide-011917-spreads.pdf

※56 （マテリアルとは）もしも当該情報が欠落していたら、投資家にとって参照可能な情報群に大きな影響を与えるものとみなす可能性がある開示情報。

※57 https://sdgcompass.org/wp-content/uploads/2016/04/SDG_Compass_Japanese.pdf

※58 https://iges.or.jp/en/pub/practical-guide-jp/ja

※59 https://www.idcj.jp/sdgs/download/

※60 https://iges.or.jp/jp/pub/focus-jp/ja

※61 https://www.env.go.jp/earth/ondanka/supply_chain/gvc/supply_chain.html

※62 https://www.globalgoals.org/resources

※63 https://www.keidanrensdgs.com/inv-tow-society5-0-jp

※64 GRI スタンダード 101（基礎）「ステークホルダーの包摂」

※65 スバルの「アイサイト」開発に伴う目標の設定 https://www.subaru.co.jp/csr/production.html

※66 キリン「酒類メーカーとしての責任」https://www.kirinholdings.co.jp/csv/alcohol/

※67 コカコーラサステナビリティレポート 2018

※68 https://sciencebasedtargets.org/

※69 https://futurefitbusiness.org/

※70 GRI スタンダードにおける開示項目と SDGs との関係については、SDG コンパスの添付資料として示されている。同資料では、SDGs ゴールと紐づけられているだけだが、SDGs ターゲットとの関係は、後述の「ゴールとターゲットの分析」の中で整理されている。マッピングの際にこれら資料が利用できる。SDG コンパスの添付資料（SDG COMPASS ANNEX）は下記のサイトからダウンロード可能である。https://www.globalreporting.org/standards/resource-download-center/sdg-compass-annex-linking-the-sdgs-and-gri-standards/

※71 p7,『実践ガイド』2018 年、UNGC/GRI

※72 BP ジャパンウェブサイト（https://www.bp.com/ja_jp/japan/home.html）などより

※73 ギリシャ神話の太陽神 Helios をモチーフとして作成されている。

※74 BP Sustainability Report 2018, https://www.bp.com/content/dam/bp/business-sites/en/global/corporate/pdfs/sustainability/group-reports/bp-sustainability-report-2018.pdf

※75 BP Annual Report and Form 20-F 2018 (https://www.bp.com/content/dam/bp/business-sites/en/global/corporate/pdfs/investors/bp-annual-report-and-form-20f-2018.pdf)

※76 Oil and gas industry guidance on voluntary sustainability reporting, 2015, IPIECA (http://www.ipieca.org/media/2849/og_industry_guidance_on_voluntary_sustainability_reportnig_3rd_ed_2016.pdf)

※77 ネスレジャパンウェブサイト（https://www.nestle.co.jp/aboutus）などより

※78 https://www.nestle.com/sites/default/files/asset-library/documents/library/documents/corporate_social_responsibility/creating-shared-value-report-2018-en.pdf

※79 http://archive.babymilkaction.org/pdfs/babykiller.pdf

※80 Unilever 社ウェブサイト（https://www.unilever.com/Images/ir-q4-2018-full-announcement_tcm244-530374_en.pdf）上の公開情報より

※81 https://www.unilever.com/Images/sustainable-living-report-2017_tcm244-537865_en.pdf

※82 https://www.unilever.com/Images/uslp-performance-summary-2018_tcm244-536032_en.pdf

※83 https://www.unilever.co.jp/Images/uslp-2010-j_tcm1291-462824_1_ja.pdf

※84 https://www.unilever.com/news/press-releases/2019/unilevers-purpose-led-brands-outperform.html

※85 'Making Purpose Pay- Inspiring Sustainable Living' Unilever (https://www.unilever.com/Images/making-purpose-pay-inspiring-sustainable-living-170515_tcm244-506419_en.pdf)

※86 https://www.hul.co.in/news/news-and-features/2018/more-power-to-rural-women.html

※87 https://www.unilever.co.jp/Images/uslp-2010-j_tcm1291-462824_1_ja.pdf

※88 https://www.unilever.com/sustainable-living/our-strategy/un-sustainable-development-goals/

※89 http://report.businesscommission.org/uploads/Japanese.pdf

※90 トヨタレポート（第 116 期）（https://global.toyota/pages/global_toyota/ir/library/business-report/116_business-report_jp.pdf）などより

※91 https://www.toyota.co.jp/pages/contents/jpn/investors/library/annual/pdf/2018/ar2018_1.pdf

※92 https://global.toyota/jp/sustainability/report/sdb/

※93 https://global.toyota/pages/global_toyota/sustainability/report/er/er19_jp.pdf

※94 https://sustainablecampus.unimelb.edu.au/__data/assets/pdf_file/0006/3109308/Sustainability_Report_2015_-_The_University_of_Melbourne.pdf

※95 https://s3.ap-southeast-2.amazonaws.com/hdp.au.prod.app.um-ourcampus.files/2914/8480/0942/UoM_Sustainability_Plan_2017-2020_40pp.pdf

※96 https://mainichi.jp/articles/20200119/k00/00m/030/145000c

※97 Australia fires will be 'normal' in warmer world' (15 Jan 2020), https://www.posibl.com/en/news/environment/australia-fires-will-be-normal-in-warmer-world-16d64664

※98 https://sustainablecampus.unimelb.edu.au/__data/assets/pdf_file/0011/1833266/UoM_Sustainability-Charter_Feb_18.pdf

ゴール・ターゲットごとの解説
及び関連するビジネス・アクションのリスト

　SDGsターゲットの「抄訳」は、『SDGs活用ガイド：資料編』（環境省、2018年）での
要約に概ね従っている。また、「関連するビジネス・アクション」については、主に下記の
資料を参考にしている。

・『ゴールとターゲットの分析』（UNGC/GRI、2018年）
・「SDGsに取り組む地域の中堅・中小企業等を後押しするための新たな仕組み：支
　援モデル」（関東経済産業局、2019年）
・『SDGs活用ガイド：資料編』（環境省、2018年）

　さらに、各ゴールに示される課題の現状と統計データについては、国連機関の下記の
ウェブサイトを参照した。

・https://www.undp.org/content/undp/en/home/librarypage/sustainable
　-development-goals/undp-support-to-the-implementation-of-the-2030-agenda.html
・https://www.un.org/sustainabledevelopment/
・https://unstats.un.org/sdgs/report/2016/Overview/

ゴール 1

貧困をなくそう

あらゆる場所のあらゆる形態の貧困を終わらせる。

　ゴール 1 では、低所得者の数を減らすことが目指される。SDGs の達成にコミットした国々は、2030 年までにあらゆる形態の貧困を終わらせなければならず、また、すべての国民が基本的水準の生活を営めるよう図る必要がある。そのためには、貧困世帯に生活保護などの社会的保護を与える、紛争や災害時に的確な支援を行うといった活動が必要となる。

　世界の貧困人口数を測る基準として国際貧困ラインがあり、2015 年に世界銀行によって一日当たり 1.90 米ドルと設定された。近年の経済成長により、貧困ライン以下の人口は減少を続けており、世界人口の 10% を下回ると推測されている。だが、紛争を抱える国や一次産品の輸出に過度に依存する国ではむしろ増加している。

　貧困は、日本においても深刻な問題である。厚生労働省の国民生活基礎調査（2016 年）によると、日本の（相対的）貧困率は 15.7%。国民の 7 人に 1 人が貧困状態で暮らしている。一人親世帯に限定すると貧困率はさらに大幅に上がり 50% を超える。また、全世帯の約 15%、一人親世帯に限れば約 38% が「貯蓄ゼロ」の状態であり、外的ショックに脆弱な状況にある。

　ゴール 1 には、1.1 から 1.b までの 7 つのターゲットがある。1.1 と 1.2 は、貧困人口の減少が目指される。1.1 は、国際的な貧困ラインに基づく貧困者数の減少である。日本のような生活水準が高い国では、貧困を図る指標としてこれは適当でないため、1.2 では、各国の独自の定義による貧困者の数を減らすことが目指されている。1.3、1.4 は、貧困層と脆弱層に対する社会保護対策の実施と、土地、財産、金融サービスといった経済的資源へのアクセスの確保がそれぞれ目指される。1.5 は、貧困層及び脆弱層の外的ショックに耐える力を強化することがテーマになっている。そして 1.a と 1.b では、各国政府に対して、貧困を終わらせるために資金動員と投資拡大を促すことが求められている。

表A-1　ゴール1のターゲット及び関連するビジネス・アクション

1.1	極度の貧困を終らせる

- ・サプライチェーンにおける人権リスクを特定し、これを開示するための措置がある。
- ・貧困層がアクセスしやすい商品やサービスを開発している。
- ・貧困層、社会的弱者をバリューチェーンに含めている。
- ・社会的インパクト投資などを実施している。

1.2	（各国の定義での）貧困状態にある人の割合を半減させる

- ・海外の事業所を含め、従業員が貧困から抜け出すために適正な賃金を提供している。
- ・労働者の権利の尊重、技能の改善、賃金の支払いを通じ、職の安定を促進している。
- ・柔軟な勤務時間と育児休暇など、扶養家族を持つ従業員のための内部規則がある。
- ・女性に対して安全で快適な労働条件を提供し、男性と同等の賃金を支払っている。
- ・すべてのサプライヤー、特に中小零細企業に対し正当な対価を支払っている。
- ・サプライヤーなどにおける人権尊重を、行動規範などを通じて確保している。
- ・自社の事業やサプライチェーンの中で、児童労働、強制労働や債務で拘束される労働が行われていないことを確認している。

1.3	貧困層・脆弱層の人々を保護する

- ・従業員と、その家族に対し、年金制度や医療保険を含む社会保障制度へのアクセスを保障している。

1.4	基礎的サービスへのアクセス、財産の所有・管理の権利、金融サービスや経済的資源の平等な権利を確保する

- ・事業によって影響を受ける土地や財産の使用者及び所有者と協議し、十分な補償が提供されることを保障している。
- ・事業が影響を及ぼす地域の住民と有意義な話し合いを継続的に行っている。
- ・性別などにかかわらず、すべての従業員が医療や金融に関するサービスに均等にアクセスできるよう保証している。
- ・貧困層に対し、マイクロファイナンスなどの金融サービスへのアクセスを支援している。

1.5	貧困層・脆弱層の人々の強靱性を構築する

- ・自社の事業及びサプライチェーンにおいて、経済的、社会的、環境的災害に対する脆弱性を評価し、開示している。
- ・自社の事業及びサプライチェーンにおいて、気候変動による潜在的なリスクを特定し、強靱性を向上させている。

1.a	開発途上国の貧困対策に、さまざまな資源を動員する
1.b	貧困撲滅への投資拡大を支援するために政策的枠組みを構築する

ゴール 2
飢餓をゼロに

飢餓を終わらせ、食料安全保障及び栄養改善を実現し、持続可能な農業を促進する。

　ゴール2では、2030年までに飢餓を終わらせ、食料安全保障を確かなものとすることが目指されている。ミレニアム開発目標（MDGs）時代の取り組みを通じ、世界の栄養不良の人口比率は徐々に低下している。しかしながら、依然として約8億人が十分な食事を摂れていない。地域的にはサハラ以南アフリカと南アジアにおいて食料不足が顕著である。乳幼児の栄養不良についても問題は解決していない。2014年の時点で5歳以下の栄養不良児は、世界で1.6億人に達すると推定されている。栄養不良児の総数が最も多いのは、やはりサハラ以南アフリカと南アジア地域である。世界の栄養不良児の4分の3が、この2つの地域に居住している。

　すべての人々の食料へのアクセスを確保するため、農業は持続的に発展する必要がある。そのためには、農業生産性の上昇、小規模農家の所得向上、土地、技術、市場へのアクセスの機会均等、持続的な食料生産システム、農業部門への投資の増加などが求められる。企業は、自らの技術やノウハウを活用し、さまざまな方面から食料不足や農業生産性向上、栄養不良改善に向けて貢献することができる。それは、巨大なビジネスチャンスをもたらす可能性がある。

　ゴール2には、2.1から2.cまでの8つのターゲットがある。2.1では、飢餓の撲滅、2.2では、栄養不良の解消が対象となる。特に5歳未満の子供の発育阻害に対処することが目指される。飢餓を終わらせるためには何よりも食料増産が不可避であり、2.3では、（特に小規模生産者の）農業生産性の向上が課題となる。また、近年の気候変動を受け、2.4では、干ばつや洪水といった自然災害への適応能力を強化することが目指される。そして2.5では、動植物の遺伝的多様性の維持が求められる。最後に2.aから2.cでは、国際協力や貿易構造や市場の整備を通じて食料生産を促進することが目指されている。

表A-2　ゴール2のターゲット及び関連するビジネス・アクション

| 2.1 | 飢餓を撲滅し、安全で栄養のある食料を得られるようにする |

・貧しく脆弱な人々の食料アクセスに対する、事業の影響を把握している。

・農業生産を持続可能で環境に配慮した慣行に変える方法を特定している。

・食料の浪費と損失を減らす、あるいは余剰食料を再分配する方法を特定している。

・適切な食料貯蔵や製品開発、価格設定などを通じて、栄養価の高い食品がより多く消費されるような対策を講じている。

| 2.2 | 栄養不良をなくし、妊婦や高齢者などの栄養ニーズに対処する |

・栄養価の高い食品や清潔な飲料水を提供することによって、疾病や栄養失調の課題に取り組んでいる。

・子供が消費する可能性のある食品については、安全であり精神的、道徳的、また身体的な害を及ぼさないことを保障している。

| 2.3 | 小規模食料生産者の農業生産性と所得を倍増させる |

・事業によって影響を受ける土地や財産の使用者及び所有者と協議し、対象者に十分な補償が提供されるように留意している。

・小規模食料生産者がサプライチェーンに加わる場合、その参入障壁を解消すべく調達方針を見直している。

・食品の生産、保全及び分配方法の改善に努めている。

・天然資源の持続可能な管理を達成するため、他の利害関係者と提携しつつ農業システムの開発、改革に努めている。

| 2.4 | 持続可能な食料生産システムを確保し、強靭な農業を実践する |

・事業によって影響を受ける土地や財産の使用者及び所有者と協議し、対象者に十分な補償が提供されるように留意している。

・小規模食料生産者がサプライチェーンに加わる場合、その参入障壁を解消すべく調達方針を見直している。

・食品の生産、保全及び分配方法の改善に努めている。

| 2.5 | 食料生産に関わる動植物の遺伝的多様性を維持し、遺伝資源などへのアクセスと、得られる利益の公正・衡平に配分する |

・遺伝的多様性の抑制につながる事業を行っていない。

・生物多様性に配慮した生産を促進している。

・バイオパイラシー（遺伝子の不正利用）に加担していない。

1.a	開発途上国の貧困対策に、さまざまな資源を動員する
1.b	貧困撲滅への投資拡大を支援するために政策的枠組みを構築する
2.c	食料市場の適正な機能を確保し、食料備蓄などの市場情報へのアクセスを容易にする

ゴール3
すべての人に健康と福祉を

あらゆる年齢のすべての人々の健康的な生活を確保し、福祉を促進する。

　ゴール3では、すべての人々が生涯にわたり健康的な生活を営めるようになることが目指されている。妊産婦や乳幼児の健康、さらにHIV/AIDS、マラリア、結核といった感染症の制圧、生活習慣病などの非感染症の防止が求められる。また、すべての人々が医療、保健サービスや医薬品にアクセスできるようになることも求められる。

　妊産婦の死亡は、助産師の立ち合いのもと衛生的な施設で出産することができれば、大幅に減らすことができる。しかし、とりわけサハラ以南アフリカと南アジア地域では、助産師が立ち会う出産件数は全体の半数以下にすぎない。また、これら地域では、家族計画への取り組みが遅れている。家族計画を普及させ、妊娠件数全体を減らすことも、妊産婦死亡件数の低下につながる。一方、ミレニアム開発目標（MDGs）時代の活動を通じて、HIV、マラリア、結核といった感染症の発生件数は世界的に低下した。だが、まだ撲滅には至っていない。心臓病、呼吸器疾患、癌といった非伝染性疾病による死亡率も依然として高い水準にある。

　ゴール3は、3.1から3.dまでの13個のターゲットから構成される。3.1と3.2では、それぞれ妊産婦と乳幼児の死亡率削減が目指される。3.3と3.4は、疾病対策に関するターゲットであり、前者はエイズや結核といった感染症、後者は癌や糖尿病といった非感染症への対処がテーマになっている。疾病以外の健康被害もテーマになっており、3.5は薬物やアルコールの乱用、3.6は交通事故、3.7は性と生殖、3.9は有害化学物資の管理が対象である。さまざまな分野から健康や福祉への取り組みが求められる。3.aから3.dでは、保健医療を整備するための実施体制の強化が目指される。3.aは、たばこの規制への国際的取り組み、3.bは、ワクチンや医薬品の研究開発支援とアクセス改善、3.cは、途上国の保健分野の財政整備や人材の能力向上、そして3.dでは、世界規模の保健リスクへの早期対応が対象となっている。

表A-3　ゴール3のターゲット及び関連するビジネス・アクション

3.1	妊産婦の死亡率を削減する

・女性従業員に対し、妊娠、出産、産後期間に関連するサービスを適切に提供している。

3.2	新生児・5歳未満児の予防可能な死亡を根絶する

・サプライチェーンを通して従業員と、その家族に医療へのアクセスを確実なものにしている。

3.3	重篤な伝染病を根絶し、その他の感染症に対処する

・職業上、特定の感染症にかかるリスクが高い場合、その予防に取り組んでいる。

・医薬品の研究開発を通じ、社会的弱者向けに革新的ソリューションを提供している。

3.4	非感染性疾患による若年死亡率を減少させ、精神保健・福祉を促進する

・従業員と、その家族に対し、予防医療（体重管理、禁煙など）へのアクセスを支援している。

・従業員と、その家族に対し、徒歩や自転車などでの移動やスポーツを奨励している。

3.5	薬物やアルコールなどの乱用防止・治療を強化する

・薬物、アルコールの影響について従業員を教育している。

・食品・飲料企業などの場合、その乱用や過剰摂取を防ぐためのガイダンスを行っている。

3.6	道路交通事故の死傷者を半減させる

・交通安全に関する適切な内部規則を設定している。

・所有車両を定期的にチェックし道路上の使用に適していることを確認している。

3.7	性と生殖に関する保健サービスを利用できるようにする

・従業員が、適切で手頃な価格で、性と生殖に関する保健医療サービスにアクセスできるように支援している。

3.8	ユニバーサル・ヘルス・カバレッジ（UHC）　を達成する（すべての人が保健医療サービスを受けられるようにする）

・遠隔地における医療サービスのアクセスと質を向上させるための革新的なソリューションを提供している。

・医薬品や医療技術のコストを削減することで、アクセスの改善に努めている。

3.9	環境汚染による死亡と疾病の件数を減らす

・有害化学物質や大気、水、土壌の汚染によって、従業員及び地域住民などが害を受けぬよう情報を共有し、適切な安全衛生手続きを実施している。

・事業実施の過程で起こり得る環境、健康及び安全面の影響に対し、予防的措置を講じている。

・排水先での水質をモニタリングし、水質関連の法律や基準を遵守している。

・製品の利用により生じ得る健康への悪影響から、消費者及びエンド・ユーザーを守る責任を完遂している。

3.a	たばこの規制を強化する
3.b	ワクチンと医薬品の研究開発を支援し、安価な必須医薬品及びワクチンへのアクセスを提供する
3.c	開発途上国における保健に関する財政・人材・能力を拡大させる
3.d	健康危険因子の早期警告、緩和・管理能力を強化する

ゴール4
質の高い教育をみんなに

すべての人に包摂的かつ公正な質の高い教育を確保し、生涯学習の機会を促進する。

　ゴール4は、教育に関するターゲットで構成されている。貧困削減を持続的に進めるうえで教育は、大きな役割を担う。すべての人々が質の良い教育に生涯を通じてアクセス可能となることが目指される。初等・中等教育から、就学前教育、職業訓練、技術・高等教育などすべての段階の教育が対象となっている。

　教育、特に初等教育の普及は、ミレニアム開発目標（MDGs）の重点項目のひとつであり、これまでもさまざまな施策が実施された。そのため、過去20年間で初等教育を受けられない子供の数は半減した。とりわけ人口規模が大きい中国とインドにおいて、目覚ましい成果があった。それでも2014年の時点で、世界で約6,000万人の子供が初等教育を受けられない状況にあった。

　児童の就学率と世帯の貧困は相関関係がある。貧困世帯の子供は、富裕世帯の子供と比べ未就学の比率が数倍高い。また、親の教育水準も子供の就学率に影響を与える。一般に貧困世帯の子供は低学歴になりがちであり、世代を通じて貧困状況が続いてゆくことになる。

　ゴール4は、4.1から4.cまでの10個のターゲットから構成される。ターゲットの4.1から4.3では、すべての子供が初等・中等教育、就学前教育、技術・職業教育、高等教育を受けられるようになることが目指される。一方、4.4の焦点は、若者や成人に対する技術・職業教育の提供である。4.5は、格差がテーマであり、教育へのアクセスにジェンダーや障がいの有無によって格差が生まれないことが求められる。4.6では、読み書きや基本的計算能力、4.7では、持続的開発に向けた必要知識が、すべての人に備わることが目指される。4.aから4.cは、実施手段についてのターゲットであり、良好な学習環境の提供、技術・高等教育への奨学金、質の良い教員の確保が、それぞれ求められる。

表A-4　ゴール4のターゲット及び関連するビジネス・アクション

4.1	無償・公正・質の高い初等・中等教育を修了できるようにする

・バリューチェーン上で児童労働を絶対に許容しない（ゼロ・トレランス）方針を徹底している。

・基礎教育へのアクセスと質的向上に向けて、ビジネスで培った専門知識を提供している。

4.2	乳幼児の発達・ケアと就学前教育にアクセスできるようにする

・企業現場での保育サービスを提供するなどを通じて、子供を持つ従業員を支援している。

・育児をするうえで困難な状況にある家庭や保育者を支援している。

4.3	高等教育に平等にアクセスできるようにする

・従業員に対し、職業訓練、インターンシップ・プログラムなど、さらなる教育の場を提供している。

・訓練プログラムの設計に際して、女性の育児負担や障がい者のハンディキャップなどを慎重に考慮している。

4.4	働く技能を備えた若者と成人の割合を増やす

・労働者に適切な能力開発、教育訓練の機会を提供している（例：職務や役割に応じた研修体系の整備と実施）。

・資格の取得、あるいはより高度の教育を継続するためのインセンティブを、従業員に提供している。

・地域の次世代を担う人材（学生・子供など）との交流・育成機会（キッズスクールなど）の提供を行っている。

4.5	教育における男女格差をなくし、脆弱層が教育や職業訓練に平等にアクセスできるようにする

・職業訓練、情報技術訓練などへの従業員の参加を企業が支援する場合、それらのプログラムへの平等なアクセスを保証している。

4.6	基本的な読み書き計算ができるようにする

4.7	教育を通して持続可能な開発に必要な知識・技能を得られるようにする

・人権・ジェンダー平等などの情報を、サプライチェーンの全過程におけるすべての従業員に共有させている。

4.a	安全で非暴力的、包摂的、効果的な学習環境を提供する
4.b	開発途上国を対象とした高等教育の奨学金の件数を全世界で増やす
4.c	質の高い教員の数を増やす

ゴール5
ジェンダー平等を実現しよう

ジェンダーの平等を達成し、すべての女性と女児の能力強化を行う。

　ジェンダーとは、生物学的ではなく社会的・心理的性差のことを指す。女性や男性はこうあるべきといった固定観念にとらわれず、両者が平等に活躍できる社会をつくることが、ゴール5では目指される。ジェンダーの平等は、基本的人権であるとともに、持続可能な世界をつくるために必要な基盤であると受け止められる。政治的、経済的な政策決定のプロセスに男性も女性も等しく参加することで、持続可能な経済が促進される。

　世界経済フォーラム（World Economic Forum）は2018年12月、各国における男女格差を測るジェンダー・ギャップ指数を発表した。この指数は、経済、教育、健康、政治の4つの分野のデータから作成される。2018年の日本の順位は調査対象149カ国中110位であり、G7諸国の中では最下位であった。日本の順位が低い理由としては、収入での男女格差が大きいこと、管理職ポジションに就いている男女の人数の差が大きいことなどが挙げられた。こうした低評価は看過できるものではなく、日本の持続的開発に向けての警鐘として真摯に受け止める必要がある。

　ゴール5には、5.1から5.cまでの9つのターゲットが設定されている。5.1は差別の撤廃、5.2は暴力の排除、5.3は有害な慣行の撤廃であり、それぞれ女性・女児への差別や暴力をなくすことが求められる。続いて5.4では、無報酬の家事労働の評価、5.5は、意思決定への女性の参画が取り上げられ、女性、女児に経済的、政治的な機会を平等に提供することが目指されている。5.6は、性と生殖に関するターゲットであり、女性が性と生殖に関して自ら意思決定をできることが求められる。さらに実施手段に関するターゲットとして、5.aでは、土地や金融といった資源へのアクセス、5.bでは、情報通信技術（ICT）技術などへのアクセスが課題になっている。そして5.cでは、ジェンダー平等のための政策や法規を整備する必要性が示されている。

表A-5　ゴール5のターゲット及び関連するビジネス・アクション

5.1　女性に対する差別をなくす

・ジェンダー平等の原則を、雇用、報酬／手当、研修、昇進などの方針とプロセスに組み込んでいる（例：女性の活躍状況をウェブサイトや広報誌などで積極的に発信、「えるぼし認定」の取得、「ダイバーシティ経営企業」に選定など）。

・女性の管理職の育成を支援し、意思決定及び経営に女性が十分に参画できることを確実にしている。

・ジェンダーを考慮した採用と定着を促す取り組みを行い、教育訓練プログラムへの平等なアクセスを確保している。

・従業員と経営幹部のジェンダーバランスを改善するために社内の状況を定期的にレビューし、是正措置を講じている。

・サプライヤーの行動規範に非差別の条項を入れ、ジェンダー平等を促進するためにサプライヤーを支援している。

・女性が経営する企業とのビジネス関係を拡大し、ジェンダーを考慮した課題解決を支援している。

・女性のリーダーシップ育成プログラムのような地域社会のプログラムを支援している。

5.2　女性に対する暴力をなくす

・サプライチェーン全体で女性及び女児に対する搾取、嫌がらせ、又は暴力を許容しないことを確実なものとしている。

・職場において、あらゆる形態の女性に対する暴力を許さず、セクシュアルハラスメントを防止している（例：ハラスメントを禁止する旨を就業規則に明記している）。

・従業員やサプライヤーが、暴力、搾取、嫌がらせの事案を匿名で通報できるような体制を確立している（例：相談窓口の設置など）。

・ジェンダーに基づく暴力、嫌がらせ、人身売買、搾取などについて従業員の意識を高めるための研修を実施している。

5.3　（早期結婚、強制結婚及び女性器切除など）女性に対する有害な慣行をなくす

5.4　無報酬の育児・介護・家事労働を認識・評価する

・従業員が業務だけでなく、無報酬の育児・介護や家事労働にも参画できるよう勤務時間を柔軟にしている。

・職場に保育所を併設し、育児バックアップサービスを提供するなど、従業員の育児へのアクセスを支援している。

5.5　政治、経済、公共分野での意思決定において、女性の参画と平等なリーダーシップの機会を確保する

・女性を管理職や役員職に積極的に登用するなど、ジェンダーを考慮した雇用の実践を進めている。

・能力のある女性がキャリアアップし、リーダーシップのスキルを広げるための育成プログラムを実施している。

・管理職や役員職に就く女性の数について、内部目標を設定している。

5.6　性と生殖に関する健康と権利への普遍的アクセスを確保する

・従業員の健康に関する意識を高め、安全な意思決定ができるように情報を提供する。

・妊娠している従業員の権利を尊重し、健康をサポートするとともに妊婦への手当や育児休暇を提供している。

・「くるみん認定」を取得している。

5.a　財産などへの女性のアクセスについて改革する

5.b　（ICTなどの分野で）女性の能力を強化する

5.c　女性の能力強化のための政策・法規を導入・強化する

ゴール6

安全な水とトイレを世界中に

すべての人々の水と衛生の利用可能性と持続可能な管理を確保する。

　ゴール6で目指されるのは、すべての人々への飲料水、トイレ、下水施設・衛生設備の提供である。水不足や劣悪な水質、衛生設備の不備は、食料の安定確保、生計手段の選択、教育の機会、ジェンダーの平等など多方面で悪影響を及ぼす。

　2015年、世界人口の約1割にあたる6.6億人が安価で安全な飲料水へのアクセスがなく、簡素で不衛生な井戸などから飲料水を調達せざるを得なかった。また、トイレなどの衛生設備へのアクセスがない人々の数は24億人に至ると報告されている。野外での排泄は、飲料水の汚染につながり、コレラ、赤痢といった疾病を招きかねない。飲料水と衛生設備の状況は、地域的にはサハラ以南アフリカ、南アジアの状況が劣悪であり、とりわけ農村部の貧困世帯において深刻である。

　水資源の管理も重要である。特に、気候変動、急激な都市化といった問題に面している地域では水不足が深刻である。水不足は農業、工業といった生産活動のみならず、社会生活にも悪影響を及ぼす。水不足に悩んでいる国は北アフリカ、西アジアに多くみられるが、それ以外の地域においても、水利用の効率化、生態系の保護など広い分野から事前の対策が求められる。

　ゴール6は、6.1から6.bまでの8つのターゲットから構成される。6.1では、飲料水へのアクセス、6.2では、下水施設・衛生施設へのアクセスが取り上げられており、貧困世帯の生活に直接に影響を与える問題が提起されている。6.3では、汚染の減少などによる水質の改善、6.4は、水利用の効率化を対象としており、水資源を持続的に確保するための具体的な措置を講じることが求められる。6.5では、統合的水資源管理という広い視点での対策の必要性が示され、6.6では、生態系の保護・回復という側面が注視される。一方、実施手段や制度に関しては、6.aで国際協力、6.bで地域コミュニティの拡大や強化という視点から課題が提示されている。

表A-6　ゴール6のターゲット及び関連するビジネス・アクション

6.1	安全・安価な飲料水の普遍的・衡平なアクセスを達成する

- 自社の取水又は排水が、地域社会での安全で手頃な価格の水へのアクセスにどう影響するか把握している。
- ステークホルダー間の連携などを通じ、水資源の管理に体系的に取り組んでいる。
- 便利で衛生的な水飲み場を設けるなど、従業員に安全で手頃な飲料水を提供している。

6.2	下水・衛生施設へのアクセスにより、野外での排泄をなくす

- 安全かつ衛生的でジェンダー別のトイレ、シャワー、その他の施設を従業員に提供している。
- 地域社会の衛生問題に対する自社事業のインパクトの有無を確認している。

6.3	（汚染や投棄の廃絶と有害な化学物質の放出抑制などにより）水質を改善する

- 河川の汚染の防止、未処理廃水の削減、水の再利用に取り組んでいる。
- 従業員に有害化学物質の安全管理に関する研修を実施している。
- 排水と廃棄物の量を把握し、これらを継続的に報告している。

6.4	水不足に対処し、水不足に悩む人の数を大幅に減らす

- バリューチェーン全体での企業のウォーターフットプリント、特に水ストレスの高い地域での影響を把握している。
- 取水量、排水量を水源ごとにモニタリングし、現場での水管理を最適化している（例：使用量削減計画の策定など）。
- 節水技術の採用、水の意識啓発キャンペーンの実施などを通じて、現場で水利用の効率化を進めている。

6.5	（国境を越えた協力を含むあらゆるレベルでの）統合水資源管理を実施する

- 持続可能な循環ビジネスモデルの開発により、水資源管理における国境を越えた協力に貢献している。

6.6	水に関わる生態系を保護・回復する

- 水資源の使用及び排水により脅威に晒された生態系地域において、モニタリングを行い必要な措置を講じている。
- 原材料などの調達の際に、水の観点から生態系への影響を評価している。

6.a	開発途上国に対する、水と衛生分野における国際協力と能力構築を支援する
6.b	水と衛生の管理向上における地域社会の参加を支援・強化する

ゴール 7

エネルギーをみんなにそしてクリーンに

すべての人々の、安価かつ信頼できる持続可能な近代的エネルギーへのアクセスを確保する。

　ゴール 7 では、エネルギーへのアクセスや利用に関するターゲットが提示されている。電気、灯油、液化天然ガス（LNG）といった近代的なエネルギーが、すべての人々に安価で継続的に提供されることが目指されている。さらに、再生可能エネルギーの活用促進、エネルギー利用効率の向上も求められている。

　途上国の貧困地域では、薪や木炭、家畜の糞などが調理に使われることが多い。こうした燃料は、熱効率が悪いのみならず、空気の質の悪化を招き、地域の環境や人間の健康に負の影響を及ぼす。さらに、燃料を収集するのは大抵、女性と子供であるため、日常生活の中で教育のような有益な活動に充てる時間が少なくなる。世界全体では依然として 30 億人が伝統的燃料を調理に使っていると推定される。特に南アジアとサハラ以南アフリカ地域は、電化が遅れており、伝統的燃料に依存する人口が多い。

　再生可能エネルギーとは、具体的には水力、太陽光、風力、地熱、バイオマスを指す。原子力発電は含まれない。日本では、2016 年に電力小売事業が自由化されたため、企業側の判断で再生可能エネルギーを選択することが可能になった。再生可能エネルギーへの転換を目指すことが、企業の持続的成長を志向するうえで有利と考える企業が増えてきている。

　ゴール 7 は、7.1 から 7.b までの 5 つのターゲットから構成される。7.1 では、電気、ガスといった近代的エネルギーを、貧困地域の世帯に普遍的にアクセスさせることが目指される。7.2 は、再生可能エネルギーの拡大をテーマにしており、水力、風力、太陽光による発電の拡大が求められる。7.3 では、技術革新などによって、エネルギー効率を改善することが目指される。さらにこうした目標を達成するための実施手段として、7.a では、国際協力と投資促進、7.b では、インフラ拡大と技術向上が課題として提示されている。

表A-7　ゴール7のターゲット及び関連するビジネス・アクション

7.1	エネルギーサービスへの普遍的アクセスを確保する

・遠隔地向けに低炭素型の電力サービスを供給するシステムを開発している。

・グリーンエネルギー技術の開発に投資している。

・効率燃焼型の調理用ストーブ、分散型電力網や小規模照明設備などの持続可能エネルギーに投資している。

7.2	再生可能エネルギーの割合を増やす

・再生可能エネルギーへ投資する、導入拡大する、あるいはそれらの活動を事業戦略に組み込んでいる（例：工場やオフィスへの太陽光パネルの設置と利用、グリーン電力の使用）。

・エネルギー燃料別に発電量、購入電力量、電力消費量をモニタリングし、報告している。

・再生可能なエネルギーを提供する新しいビジネスモデルをサポートしている。

7.3	エネルギー効率の改善率を増やす

・自社のエネルギー使用量を把握し、エネルギー利用の効率化を進めている（例：省エネ診断、省エネ計画の策定と推進）。

・エネルギー効率を改善につながる新しいビジネスモデルの創出に取り組んでいる。

・サプライチェーンにおける温室効果ガス排出削減戦略を策定している。

・業界レベルでエネルギー効率基準を設定し、効率の高い技術基準を採用し、これらの事例を共有している。

7.a	国際協力によりクリーンエネルギーの研究・技術へのアクセスと投資を促進する
7.b	開発途上国において持続可能なエネルギーサービスを供給できるようにインフラ拡大と技術向上を行う

ゴール 8
働きがいも経済成長も
包摂的かつ持続可能な経済成長及びすべての人々の完全かつ生産的な雇用と働きがいのある人間らしい雇用（ディーセント・ワーク）を促進する。

　ゴール 8 では、経済成長と雇用の観点から、持続可能な開発を実現するために達成すべき課題が整理されている。特に、労働環境、働きがい、ニートといった我々にも身近なテーマが多く取り上げられている。日本では、少子高齢化が進んでいるが、世界的にみると若年人口の割合は高い。2015年の時点で 25 歳以下の若年人口は世界人口の 42% を占める。だが、多くの若年層が十分な雇用機会を与えられていない。特に、中所得国では若年層の多くが就業や就学しておらず、職業訓練も受けておらず、いわゆるニートの状態に陥っている。

　中小零細企業は、若年層に大きな就業機会を与えるものであり、こうした企業の設立や成長を促すことが必要である。そのためには、特に金融サービスへのアクセス改善が求められる。携帯電話を通じた金融サービスの発展に伴い、これを利用する人口の比率は近年になって高まってきている。だが、いまだアクセスが困難な人々も少なくない。

　ゴール 8 は、8.1 から 8.b までの 12 個のターゲットから構成される。8.1から 8.4 までは、経済成長や経済生産性、中小零細企業振興、環境悪化の防止に関する目標が、それぞれ提示されている。8.5 から 8.8 までは、雇用や労働環境についての課題であり、8.5 は、同一労働同一賃金の原則、8.6では、ニート問題への対応が焦点となっている。そして 8.7 では、児童労働の禁止、8.8 では、安全、安心な労働環境の提供が求められている。8.9では、持続可能な観光業を促進すること、8.10 は、金融サービスへのアクセスを拡大することが目指される。実施体制に関わる 8.a と 8.b の両ターゲットでは、貿易、雇用に関する国際協力の強化と、若年層の雇用拡大のための世界協定の実施が、それぞれ課題として示されている。

表A-8　ゴール8のターゲット及び関連するビジネス・アクション

8.1	一人当たり経済成長率を持続させる

・国内経済における付加価値の創出に向け、他の企業と情報や知見の共有などを進めている。

・バリューチェーンにおけるそれぞれの事業間の関係を強化し、地域経済における成長の波及効果を高めている。

・「タックス・ヘイブン」などの税金回避メカニズムを使用していない。

8.2	（多様化、技術向上及びイノベーションにより）高い経済生産性を達成する

・地域のニーズに応えるイノベーション技術への投資などを通じて、経済生産性を向上させている。

・3D印刷、ロボットによる自動化、IoTなどの革新的技術を採用することによる、従業員雇用への負の影響を把握している。

8.3	開発重視型の政策を促進し、中小零細企業の設立や成長を奨励する

・金融サービスへのアクセス改善などを通じて、中小零細企業の成長促進に貢献している。

・中小零細企業からの調達などによって、これらの企業をグローバル・サプライチェーンに統合させている。

・中小零細企業向けの研修、能力強化プログラム、技術支援、資金の提供などに取り組んでいる。

8.4	資源効率を漸進的に改善させ、経済成長と環境悪化の分断を図る

・製品とサービスの環境への影響を把握し、悪影響の緩和に取り組んでいる。

・製品開発やマーケティングを通じ、持続可能な消費とライフスタイルを促している。

・バリューチェーン全体で資源利用の効率化を図り、環境負荷の軽減に取り組んでいる。

・廃棄物の回収、再使用、リサイクルなどを通じ、生産者としての責任を消費後の段階にまで拡大させている。

8.5	雇用と働きがいのある仕事、同一労働同一賃金を達成する

・労働者と、その家族の基本的ニーズを満たすために、適切な賃金を支払っている。

・結社の自由、団体交渉、労使関係などの基本的労働権を尊重している。

・職場におけるあらゆる形態の暴力に対するゼロ・トレランス方針を確立し、セクシュアルハラスメントを防止している（例：ハラスメント禁止を就業規則に明記、ハラスメント研修を実施）。

・サプライチェーン全体にわたる労働者の権利侵害と不平等を認識し、予防、削減、悪影響の改善に向けて取り組んでいる。

・雇用形態に関わらず、同一労働同一賃金などの原則に沿った対応を行っている（例：「パートタイム労働法」、「労働契約法」などの改正内容を理解し、同一労働同一賃金などの原則に沿った体制の整備・対応を行っているなど）。

・従業員やサプライヤーの苦情処理メカニズム及び支援体制を確立し、内部通報者を保護する仕組みを導入している（例：相談窓口の設置）。

8.6	就労・就学・職業訓練を行っていない若者の割合を減らす

・若者にインターンシップや実習など、教育から仕事への移行を促す機会を提供している。

8.7	強制労働・奴隷制・人身売買を終わらせ、児童労働をなくす

・自社及びサプライチェーンにおいて、最低就労年齢未満の児童が雇用されないよう取り組んでいる。

・自社やサプライヤチェーンにおいて、労働者を債務で拘束するような強制労働の根絶に取り組んでいる。

・バリューチェーン全体にわたり、人権への重要な影響を特定するための人権デュー・デリジェンスを実施している。

・搾取、強制労働、現代の奴隷制度、人身売買などの問題について、従業員とサプライヤーを対象とした研修を実施している。

8.8	（移住労働者などすべての）労働者の権利を保護し、安全・安心に働けるようにする

・作業中の事故などを防ぐため、安全で衛生的な労働環境が整備されている（例：社員向けの労働安全衛生講習会の実施、社内ホームページなどを活用した周知徹底、厚生労働省「安全衛生優良企業公表制度」認定の取得）。

・労働者のメンタルヘルスを良い環境で維持できるように施策を実施している（例：メンタルヘルスに関する方針と計画の策定、メンタルヘルスに関する職場の理解を促進するための研修の実施、メンタルヘルスに対応した休職規程などの整備）。

・従業員への健康投資による生産性の向上などの組織の活性化に取り組んでいる（例：都道府県協会けんぽ、健康保険組合連合会への「健康企業宣言」、経済産業省「健康経営優良法人」認定の取得）。

・労働基準法などの改正内容を理解し、長時間労働是正のための労働生産性の改善、労働時間管理体制、多様な働き方を許容する勤務体制の整備・対応を行っている。

・外国人労働者の人権を尊重し、支持し、平等な労働条件と社会保障を提供している（例：外国人技能実習制度技能実習生などの外国人労働者への適切な処遇や労働環境の整備）。

・労働者の権利の慣行の遵守状況を監視し、影響を特定し、これを予防、緩和するためのデュー・デリジェンスを実施している。

8.9	持続可能な観光業を促進する

8.10	銀行取引・保険・金融サービスへのアクセスを促進・拡大する

・従業員に金融アクセスに関するアドバイスを提供している。

・女性や障がい者を含む、疎外されたグループが、金融商品に差別なく平等にアクセスすることを支援している。

8.a	開発途上国への貿易のための援助を拡大する
8.b	若年雇用のための世界的戦略とILO の世界協定を実施する

ゴール9
産業と技術革新の基盤をつくろう

強靭（レジリエント）なインフラ構築、包摂的かつ持続可能な産業化の促進及びイノベーションの推進を図る。

　ゴール9が対象とするのは、インフラ、産業化、イノベーションである。これらは、持続的な開発を進めるうえで重要なテーマである。インフラの整備によってビジネスや社会生活の基盤が提供される。例えば、農村での道路整備は、農民が市場に生産物を届けることを容易にし、住民の学校や病院へのアクセスも改善する。また、産業化の進展は、経済成長を牽引するのみならず、雇用を創出することで所得格差の是正に貢献する。さらに、各方面のイノベーションによって産業技術の幅が広まり、新たな技能が開発される。世界全体での製造業付加価値の国内総生産（GDP）比率を見ると、1995年の21%から2014年の15%までこの比率は低下している。その分、サービス産業の比率が高まっている。途上国で産業化を進め先進国との格差を縮めるには、技術革新や生産拡大に向けた大規模な投資が必要となる。だが、研究開発のための投資は地域で大きな偏りがある。先進国では、2013年にはGDPの2.4%が研究開発投資に向けられたが、途上国、特に後発開発途上国では、この比率は0.3%以下にすぎなかった。途上国の研究開発を促すため、幅広い分野での支援が必要となる。

　ゴール9は、9.1から9.cまでの8つのターゲットから構成される。まず9.1は、インフラ整備についてのターゲットである。全世界において質が高く信頼できて強靭なインフラを開発することが目指される。9.2では、開発途上国においてGDPに占める産業セクターの割合を増加させることが求められる。そして9.3では、小規模な製造業に金融と市場へのアクセスを拡大すること、9.4では、環境に配慮したインフラ開発と産業化を進めることがテーマとなっている。9.5では、イノベーションの促進のため研究開発者の増員と予算の増額が目指される。実施体制に関する9.a、9.b及び9cのターゲットでは、それぞれ開発途上国でのインフラ開発の促進、イノベーションの支援、そして後発開発途上国でのインターネット・アクセスの拡大が課題として提示されている。

表A-9　ゴール9のターゲット及び関連するビジネス・アクション

9.1　経済発展と福祉を支える持続可能で強靱なインフラを開発する

・インフラ整備の際に、女性や女児の安全に与える影響、モビリティへのアクセスなどを考慮している。

・インフラのライフサイクル全体にわたって社会、経済、環境面のインパクト評価を実施している。

・インフラ整備のライフサイクルを通じて人権に配慮し、労働権と所有権と居住権を尊重している。

9.2　雇用とGDPに占める産業セクターの割合を増やす

・雇用の創出、環境及び社会問題の統合など、開発課題に取り組むうえで革新的なソリューションを提供している。

9.3　小規模製造業などの、金融サービスや市場などへのアクセスを拡大する

・現地サプライヤーとの連携などを通じて、地域経済の付加価値を高めことに取り組んでいる（例：地産地消、地産外商など地域資源の積極的利用）。

・グリーンボンドやインパクト投資のような、革新的な資金調達メカニズムを提供している。

・中小零細企業、小規模事業者などが金融と市場にアクセスできるよう支援している。

9.4　資源利用効率の向上とクリーン技術及び環境に配慮した技術・産業プロセスの導入拡大により持続可能性を向上させる

・製品設計、材料の再利用、製造プロセスの改善などを通じて、環境に優しい技術の開発と普及を支援している。

・自社の製品やサービスのライフサイクル全体にわたって、社会、経済、環境面のインパクト評価を実施している。

9.5　産業セクターにおける科学研究を促進し、技術能力を向上させる

・技術革新への投資、研究開発スタッフの雇用、従業員への研修などを通じて、技術力と研究開発能力の強化を進めている。

・知的財産を保護するよう、適切な取り組みを進めている（例：特許、商標などの知的財産権の取得・管理、製品開発における特許侵害調査）。

・顧客に品質のよいモノやサービスを提供するための仕組みを確立している（例：顧客からのクレーム対応、品質を保証する仕組みの構築、顧客の声を社内共有するための基本方針・体制・ルールの策定、役職員向け研修の実施、ISO9001の取得）。

・サプライチェーン全体における技術力と研究開発能力の向上を進めている。

9.a　開発途上国への支援強化により、持続可能で強靱なインフラ開発を促進する

9.b　開発途上国の技術開発・研究・イノベーションを支援する

9.c　後発開発途上国における普遍的・安価なインターネット・アクセスを提供する

ゴール 10
人や国の不平等をなくそう

各国内及び各国間の不平等を是正する。

　ゴール10では、人々の間の不平等、さらに国家間の不平などに関する問題が取り上げられている。ミレニアム開発目標（MDGs）の達成に向けた努力を通じ、極度の貧困は大幅に減少し、初等教育と健康の成果へのアクセスが改善された。だが、不平等の是正は進展しておらず、高所得層と低所得層の格差はむしろ拡大している。現在、世界の富のほぼ半分は人口のわずか1％が所有しており、これは、世界における所得下位半分の人口の総資産の65倍にも相当する。

　不平等は、健康、教育面の進歩を妨げ、まともな生活を送るために必要な人間の能力を損なう。多くの国で、特に若年層の失業や貧困が深刻化している。不平等の拡大は、政治的及び社会的緊張を高める可能性があり、状況によっては、内乱や地域紛争を引き起こすことになる。また、性別や年齢、障がい、人種、民族などを理由とする差別についても、国内の所得格差の是正を進めるうえで妨げとなる。社会、経済、政治分野での多面的な対応が必要である。

　ゴール10は、10.1から10.cまでの10個のターゲットから構成される。10.1では、低所得世帯の所得増加が目指される。10.2では、全国民への平等な能力強化と経済機会の提供が求めらる。そして10.3と10.4では、これを実現するための法律、慣行、政策などを整備することが課題となる。10.5と10.6は、不平等是正に向けた取り組みが課題となっており、国際的な金融規制の実施強化、それに向けた開発途上国の発言力拡大がそれぞれ目指される。10.7では、途上国の貧困世帯にとっては重要な収入源である移民労働の問題が取り上げられる。さらに、実施体制に関するターゲットである10.aと10.bでは、途上国にとっての貿易促進と資金流入拡大がそれぞれ求められている。

表A-10　ゴール10のターゲット及び関連するビジネス・アクション

10.1	所得の少ない人の所得成長率を上げる

- ・サプライチェーンにおいて、低所得の従業員の所得向上をもたらす雇用慣行・賃金支払が実現するよう働きかけている。
- ・低所得層の人々をサプライチェーンに参加させる方策に取り組んでいる。
- ・中小零細企業と協働することなどを通じて、金融資源へのアクセスやビジネスへの参入を支援している。

10.2	すべての人の能力を強化し、社会・経済・政治への関わりを促進する

- ・従業員の種別にかかわらず同等の価値を持った仕事に対しては同等の報酬を支払っている。
- ・自社及びサプライヤーにおいて、多様な人材（女性、外国人、障がい者、高齢者など）を活かし、十分に活躍できる環境が整備されている（例：多様な人材が活躍できる社内制度を設置、多様な人材の活躍状況をホームページや広報誌などで積極的に発信、「くるみん認定」、「えるぼし認定」の取得、「ダイバーシティ経営企業」などに選定、障がいの種類や程度に応じた安全管理、安全確保のための施設などの整備、職場環境の改善）。
- ・疎外され発言権が低いグループに対して、リーダーシップスキルの向上に向けた支援を行っている。

10.3	機会均等を確保し、成果の不平などを是正する

- ・報酬と利益、製品の影響、サプライチェーンへの取り込みなど、事業運営全体にわたり非差別を徹底させている。
- ・雇用、配置、報酬、雇用終了の決定などに際し、性別・年齢・国籍・人種などの影響を受けないという方針を徹底させている（例：差別のない体制の構築にトップが積極的に関与）。
- ・すべての従業員が育児休暇を平等に付与され、育児休暇後に同じ職位へ戻れることを保障している。
- ・すべての従業員がオープンにアクセスできる苦情処理メカニズムを運用している。

10.4	政策により、平等の拡大を達成する

- ・最低限の生活賃金を支払い、健康保険、社会保障などの社会保障を提供している。
- ・「タックス・ヘイブン」などの租税回避メカニズムを使用していない。

10.5	世界金融市場と金融機関に対する規制と監視を強化する

- ・国内及び国際的な金融規制を遵守し、サプライヤーなどとのすべての取引をその法規制に準拠させている。
- ・マネー・ロンダリングやテロリストの資金調達の禁止を含む国際基準を遵守している。

10.6	開発途上国の参加と発言力の拡大により正当な国際経済・金融制度を実現する

10.7	秩序のとれた、安全で規則的、責任ある移住や流動性を促進する

- ・合法的に登録された外国人労働者のみを採用している。

10.a	開発途上国に対して特別かつ異なる待遇の原則を実施する。
10.b	開発途上国などのニーズの大きい国へ、政府開発援助（ODA）などの資金を流入させる
10.c	移住労働者の送金コストを下げる

ゴール11
住み続けられるまちづくりを

包摂的で安全かつ強靱（レジリエント）で持続可能な都市及び人間居住を実現する。

　ゴール11は、都市の居住に関する問題に焦点を当てている。今日、世界人口の半数以上は都市部に居住している。都市人口比率はさらに高まり、2030年には6割の人々が都市に居住するようになると推定される。

　都市部では、財、サービスや交通手段を効率的に提供することが可能であり、技術革新や経済成長をもたらすチャンスが広がる。都市は農村部の人々を引き付ける魅力が大きく、毎年多くが就業機会を求めて都市に流入する。もしもこうした人々が満足な暮らしのできる就業機会を得られなければ、流入者はスラムに流れスラムは拡大する。スラムの拡大は、治安の悪化、環境汚染など深刻な問題を引き起こし、貧困層の生活をさらに厳しいものとする。

　スラムの拡大と並び、大気の汚染と水質の汚濁も、都市の居住環境を悪化させる要因になる。大気汚染のレベルは世界の多くの地域で悪化傾向があり、各地で喫緊の課題である。スラム問題や大気汚染への対処を含め、都市がすべての人々に快適で便利な生活を提供し、持続的な開発が可能になるための方向性がゴール11で示される。

　ゴール11は、11.1〜11.cまでの10個のターゲットから構成される。11.1では、都市のスラム問題への取り組みが求められる。11.2では、都市部において、公共交通サービスがすべての人々に提供されることが目指される。11.3では、都市化の促進と管理能力の強化が取り上げられる。続く11.4では、文化・自然遺産の保全、11.5では、防災対策がテーマとなる。11.6は、大気汚染や廃棄物管理を改善すること、そして11.7では、すべての人々に緑地や公共スペースを提供することが目指される。11.aと11.bでは、開発計画や各種政策の実施を通じて、さまざまな都市問題の改善や防災対策を進めることが目標となる。11.cでは、技術、経済面の支援により強靱な構造物を途上国で建造することが課題として示される。

表A-11　ゴール11のターゲット及び関連するビジネス・アクション

11.1	住宅や基本的サービスへのアクセスを確保し、スラムを改善する

・強制的な立ち退きの際の共謀を避け、貧困層を含むすべての人々の人権を尊重する。

・事業用地取得、インフラ建設、原材料／商品の調達が、地域住民の環境面の権利にどう影響するかを評価する。

・サプライチェーン上にある職場で、快適な職務スペース、飲料水やトイレといった基本サービスを提供する。

・手頃な価格の住宅を得る機会を広げ、生活様式の変化、人口動態の変化や高齢化などの問題に対処する。

11.2	交通の安全性改善により、持続可能な輸送システムへのアクセスを提供する

・輸送システムやサービスの開発に貢献する際には、地域の文化、価値観、言語を尊重する。

・サプライチェーン上のすべての従業員に対して、安全、低炭素及び持続可能な輸送へのアクセスを提供する。

11.3	参加型・包摂的・持続可能な人間居住計画・管理能力を強化する

・オフィスや商業施設を共有し、土地利用効率を高めることなどを通じて、持続可能な土地管理を実施する。

・長期的な都市開発計画を支援するための、持続可能なソリューション（二酸化炭素排出量を削減など）を提供する。

・都市開発に携わる際に、ステークホルダーやコミュニティのメンバーとの対話の機会を確保する。

11.4	世界文化遺産・自然遺産を保護・保全する

・文化及び自然遺産への影響を把握し、これを保護する責任を認識する。

・事業が世界遺産に対して、物理的な悪影響を及ぼさないようなメカニズムを構築し、定期的にモニタリングする。

・廃棄物や廃水の処理を適切なものとするなど、サプライチェーン上で持続可能な観光を促進する。

11.5	災害による死者数、被害者数、直接的経済損失を減らす

・災害リスク管理をビジネスモデルに統合し、ビジネスの強靭性を高める。

・災害リスク管理のための研究、イノベーションや技術開発を進める、あるいはこれを支援する。

・地域コミュニティの適応能力を強化するなど、災害リスク対策を支援する。

・地方自治体及び中央政府による災害後の復興活動を支援する。

11.6	大気や廃棄物を管理し、都市の環境への悪影響を減らす
11.7	緑地や公共スペースへのアクセスを提供する
11.a	都市部、都市周辺部、農村部間の良好なつながりを支援する
11.b	総合的な災害リスク管理を策定し、実施する
11.c	後発開発途上国における持続可能で強靭な建造物の整備を支援する

ゴール12
つくる責任、つかう責任

持続可能な生産消費形態を確保する。

　食品廃棄や有価物の投棄などの行為は、資源の浪費にほかならず、持続的開発を阻む要因となる。ゴール12では、より少ない資源を使いながらも、良質でより多くのものを得るような生産と消費の形態が求められる。そのためには、生産工程における廃棄物の発生を抑えること、消費者側にリサイクルやリユースへの協力を求めることなどが必要である。

　例えば、食品ロスについては、消費者庁によると日本では年間に643万tの食品ロスが発生している。これは、飢餓に苦しむ人々に向けた世界の食料援助量（約380万t）の1.7倍に相当する。食品ロスの削減などに向け、産業界、消費者、政治家、メディア、地域共同体を動員して、持続可能な生産と消費の形態をつくってゆくことが目指される。

　ゴール12は、12.1から12.cまでの11個のターゲットから構成される。12.1では、世界のすべての国々が持続可能な消費と生産に向けた対策を講じることが求められる。12.2では、2030年までに天然資源の持続可能な管理と効率的利用を達成することが目指される。これに向けた具体的な取り組みとして、12.3は食料廃棄の削減、12.4は化学物質などの放出量の削減、12.5は廃棄物の削減が課題として示される。続く12.6と12.7は、企業と行政機関の取り組みに関するターゲットである。12.6では、企業に対して持続的開発への取り組みをサステナビリティ報告書などで定期的に報告すること、12.7は、政府に対して持続可能な公共調達を進めることを、それぞれ求めている。12.8は、メディアなどの役割に関するターゲットであり、多くの人々が持続可能な開発や自然との調和に関する情報にアクセスできることが目指される。12.aは、途上国の科学・技術分野への支援、12.bは、観光分野における持続的開発がもたらす影響の測定支援がテーマである。12.cでは、浪費的な消費につながるような経済政策の転換について問題提起している。

表A-12　ゴール12のターゲット及び関連するビジネス・アクション

12.1　（持続可能な消費と生産に関する）「10年計画枠組み」を実施する

・持続可能な開発をビジネスビジョン、政策、戦略に組み込み、製品とサービスの持続可能性目標と指標を設定している（例：ISO14001、エコアクション21などの環境マネジメント規格の取得）。

・自社事業のみならずサプライチェーン全体で、環境パフォーマンスの改善に取り組んでいる。

12.2　天然資源の持続可能な管理及び効率的な利用を達成する

・再生可能な原材料と効率的なクリーン・テクノロジーを使用することで、天然資源の過度の搾取と生物多様性のリスクを軽減させている（例：FSC、MSC認証製品の利用、非合法材を使用していないことの確認）。

・資源の循環と再生可能エネルギーの使用など、製品の循環モデルを開発している。

・環境負荷をさらに低減するために、製品の消費後の段階にまで責任を拡大している。

・環境パフォーマンスと資源利用の改善のために、測定可能な目標及び／又はターゲットを設定している。

12.3　世界全体の一人当たりの食料廃棄を半減させ、生産・サプライチェーンにおける食品ロスを減らす

・廃棄物管理政策を事業開発、生産、運営に統合している。

・持続可能な生産と消費プログラムを確立している。

・持続可能な消費に取り組む意欲を向上させるために、消費者の意識を高め、消費者教育を促進している。

・生産国で持続可能な慣行を開発しているNGOやステークホルダーとパートナーシップを図っている。

12.4　化学物質や廃棄物の適正管理により大気、水、土壌への放出を減らす

・化学物質や廃棄物の大気、水、土壌への放出状況を追跡し報告している。

・法令などで規制されている有害化学物質を把握し、使用量の削減及び適切な使用に努めている（例：法令で規制されている有害化学物質の把握、その削減のための計画策定）。

・自社事業及びサプライチェーンにおける化学物質や廃棄物の放出削減に向けた投資を計画している。

12.5　リデュース、リユース、リサイクルを通じて廃棄物の発生を減らす

・工場における資源利用の削減、資源の再利用、再資源化を進めている。

・処分先で発生した廃棄物を種類ごとに追跡し、報告している。

・製品の長寿命化、最適な再利用、リサイクルを可能にする循環型ビジネスモデルを構築している。

・ライフサイクルで環境に配慮した製品の開発・設計を進めている（例：製品設計時におけるライフサイクルでの環境影響の把握）。

・使用済み製品の回収、リサイクル又は再使用のための選別又は処理にも取り組んでいる。

12.6　企業に持続可能性に関する情報を定期報告に盛り込むよう奨励する

・国際的報告スタンダードを用いて、経済的、社会的及び環境的持続可能性を定期的に報告している（例：ウェブなどでの環境情報公開、環境報告書の発行）。

・ステークホルダーとの対話の場を確保している。

12.7	持続可能な公共調達を促進する

- エコラベル又は持続可能性認証の取得、循環型ビジネスモデルの実施などを通じ、持続可能な公共調達を促進している。
- サプライヤーに、自社が調達契約で要求されているものと同じ持続可能性原則を適用するよう求めている。

12.8	持続可能な開発及び自然と調和したライフスタイルに関する情報と意識を持つようにする

- 消費者が持続可能性に向けた意思決定を行えるよう、信頼でき、明瞭かつ透明でアクセス可能な情報を提供している。
- 認定され、トレーサブルな製品を製造し、それらの環境及び社会への影響に関する情報を消費者に提供している。
- 環境に優しく責任ある製品やサービスを選ぶように消費者を奨励している。

12.a	開発途上国の持続可能な消費・生産に係る能力を強化する
12.b	持続可能な観光業に対し、持続可能な開発がもたらす影響の測定手法を開発・導入する
12.c	開発に関する悪影響を最小限に留め、市場のひずみを除去し、化石燃料に対する非効率な補助金を合理化する

ゴール13
気候変動に具体的な対策を
気候変動及びその影響を軽減するための緊急対策を講じる。

　気候変動は、この世界の将来にとって最も重要な課題といって過言ではない。今日、天候の変化、海水位の上昇、異常気象など、世界のすべての地域で既に気候変動の影響が顕在化している。その影響は、農業生産、飲料水の確保、生態系保全、エネルギー供給、インフラなどあらゆる分野に及ぶ。こうした分野への影響は、特に脆弱な生活環境に置かれている貧困層にとって深刻な被害をもたらす。ゴール13では、さらなる気候変動を阻むこと、そして、それに起因する環境変化に耐える力を強化することが目指されている。

　気候変動の大きな要因である炭素排出量は、今も増え続けている。地球温暖化に関する国連のIPCC（気候変動に関する政府間パネル）の第5次評価報告書（2014年発表）では、これからの100年間でどれくらい平均気温が上昇するか、4つのシナリオを提示して予測が示されている。それによると、最も気温上昇の低いシナリオ（RCP2.6シナリオ）では、おおよそ2℃前後の上昇、最も気温上昇が高くなるシナリオ（RCP8.5シナリオ）では、4℃前後の上昇が予測されている。残念ながら現在の世界の温室効果ガスの排出量の実情は、最も気温が高くなるシナリオに近い。気温上昇を2℃前後に抑えるために、世界レベルで包括的な炭素排出の抑制が必要である。

　ゴール13は、13.1から13.bまでの5つのターゲットから構成される。13.1では、気候変動がもたらす災害に対処する能力を、すべての国々が持つことが目指される。そのために、13.2では、気候変動対策を国々の政策や計画に盛り込むこと、13.3では、気候変動に対処する人的、制度的な能力を強化することが求められる。続く13.aでは、気候変動への取り組みを促進するための資金の動員の必要性が示される。そして13.bでは、気候変動の影響を被りやすい後発開発途上国、小島嶼開発途上国に対して技術協力を実施することが求められる。

表A-13　ゴール13のターゲット及び関連するビジネス・アクション

13.1	気候関連災害や自然災害に対する強靭性と適応能力を強化する

・公共の方針に沿った災害対策の目標と戦略を策定し、事業実施地域における災害リスクに備えている。

・事故や災害などの発生に伴う事業中断を想定した戦略を立案している（例：事業継続計画〈BCP〉の策定、定期的な訓練の実施、レジリエンス認証の取得）。

・温室効果ガス削減目標を設定し、排出量データ及び重要な気候リスク情報を開示している。

・気候変動によるサプライチェーンの中断や物流の遅延を防止するために、サプライヤーと協力している。

・途上国の気候変動への緩和策及び適応策を支援するための、技術移転プロジェクトに参加している。

13.2	気候変動対策を政策、戦略及び計画に盛り込む

・政府機関のワーキンググループへの参加などを通じ、気候変動に対する行動のスケールアップのために政府と連携している。

・地域の防災活動に参画している。

13.3	気候変動対策に関する教育、啓発、人的能力及び制度機能を改善する

・気候変動や自然災害の軽減について、顧客、投資家、従業員向けの研修や教育活動を実施している。

・気候変動及び自然災害に関連する影響に関して、早期警戒技術及びシステムに投資している。

13.a	国連気候変動枠組条約（UNFCCC）の先進締約国によるコミットメントを実施し、緑の気候基金を本格始動させる
13.b	開発途上国における気候変動関連の効果的な計画策定と管理能力を向上するメカニズムを推進する

ゴール14
海の豊かさを守ろう

持続可能な開発のために海洋・海洋資源を保全し、持続可能な形で利用する。

　ゴール14は、海洋資源を保全し、持続的な開発を実現するための課題を提起している。海洋は、漁業や観光業などを通じて、人類の社会・経済の発展に不可欠な資源を提供する。海洋資源を持続的に開発し、生態系を保全することは、SDGsの達成にとって重要な課題となる。海洋資源は、水質汚染や気候変動といった環境変化に脆弱である。沿岸地域は、特に陸上活動による汚染の影響を受けやすい。実際に多くの沿岸地域では、土壌流出や水質の富栄養化が原因となり、植物や藻類の繁茂を引き起こしている。そのため、海洋生物が酸素不足で死に至るといった変化が引き起こされている。

　海洋酸性化の傾向にも歯止めがかかっていない。産業革命の時代から今日まで、海洋酸性度は30％も上昇した。これは、魚介類の成長を阻害し、漁業に経済損失を与えている。海洋や沿岸地域の環境の悪化は、生態系を歪めるだけでなく、地域住民の生活を脅かすことにつながる。

　さらに、過剰漁業や違法漁業も深刻な問題である。世界の漁獲量の2割が違法漁業によるものと推測されている。過剰に捕獲された魚種が、生物的に持続可能なレベルに戻るには概ね20年が必要となる。開発途上国では過剰、違法漁獲に関する規制や管理体制が整っておらず、早急な整備が必要である。

　ゴール14は、14.1から14.cまでの10個のターゲットから構成される。14.1では、海洋ゴミなどによる海洋汚染の防止が目指されている。14.2は、海洋及び沿岸での生態系の回復、14.3では、特に海洋酸性化への取り組みが取り上げられる。14.4と14.6では、水産資源の保護のために過剰な漁業を抑制するための措置が提示される。実施体制に関する14.aから14.cのターゲットでは、ゴール14の達成のための研究開発の促進や国際法の順守が求められている。

表A-14　ゴール14のターゲット及び関連するビジネス・アクション

14.1　海洋汚染を防止・削減する

・自社の事業活動により発生した廃棄物や排水、及びその他の汚染物質に対して責任を負っている。

・海洋への排水や、自社製品由来のプラスチック・非分解性材料の排出を把握し、その環境への影響を報告している。

・自社の製品・サービスの使用により生じる廃棄物を把握し、その回収・再利用・リサイクルについても責任を負っている。

・廃棄物・排水管理の改善、リサイクル可能な包装資材の使用、汚染土壌の浄化などを通じ、海洋汚染抑制に取り組んでいる（例：使い捨てプラスチック使用の削減）。

・自社の事業及びそのサプライチェーンにおけるプラスチック使用を把握し、削減に向けたロードマップを作成している。

・消費者とのインターフェースを通じ、消費者の行動を変え、資源への配慮を促している。

14.2　海洋・沿岸の生態系を回復させる

・事業地における生物多様性の保護、環境投資などを通じて、海洋及び沿岸生態系の保護に貢献している。

・事業活動・製品・サービスのもたらす、海洋生物多様性へのインパクトを把握し、これを報告している。

・自社活動が生物多様性や生態系に悪影響を及ぼさないよう配慮している（例：環境に配慮した財、製品、サービスの提供を通じた生物多様性の保全、事業全体における生物多様性への影響の把握、負の影響を削減するための計画策定）。

・サプライチェーン上の持続可能性を検証し、持続可能な慣行を確実にするためのトレーサビリティを構築している。

・海洋及び沿岸生態系の管理・保護を促進するために、公的及び民間ステークホルダーと協働している。

14.3　海洋酸性化の影響を最小限にする

・経年的な温室効果ガス排出量を把握し、これを報告し、自らの事業における気候変動緩和策を実施している。

14.4　漁獲を規制し、不適切な漁業慣行を終了し、科学的な管理計画を実施する

・海洋資源の搾取や枯渇につながる、自社及びサプライチェーン上の慣行の廃止に取り組んでいる。

ゴール15
陸の豊かさも守ろう

陸域生態系の保護、回復、持続可能な利用の推進、持続可能な森林の経営、砂漠化への対処、並びに土地の劣化の阻止・回復及び生物多様性の損失を阻止する。

　ゴール15では、森林を持続可能なレベルまで管理すること、土地や自然の生息地の劣化を阻み改善すること、砂漠化を防止し、生物多様性を確保することなどに重点が置かれている。これらすべての努力によって、陸域生態系の利益を次世代に受け継がせることが目指される。

　人間の活動は、森林や他の陸地の生態系に悪影響を及ぼすことがある。世界の陸地の3分の1は森林で覆われているが、伐採や農地化などを通じて森林面積は縮小が続いている。とりわけ、中南米カリブ地域とサハラ以南アフリカ地域では、森林面積のうちそれぞれ9％、12%が喪失した。東アジア地域での植林の努力により、森林喪失のペースは落ちてきたが、それでも、2010年から2015年の間に世界で330万haの森林が失われた。

　また、陸地の生物の多様性の維持も懸念されている。2015年の時点で2万3,000種の動植物が絶滅の危機に面している。鳥や哺乳類の絶滅危惧種は東南アジアに多くみられる。密林の農地化や木々の伐採が絶滅に拍車をかけている。森林面積の縮小や動植物の絶滅の危機を抑制し、持続可能な開発に向けた生態系の基盤をつくり上げてゆくことが必要である。

　ゴール15は、15.1から15.cまでの12個のターゲットから構成される。15.1及び15.4では、森林、湿地、山地などにおいて生態系を保全することが目指される。さらに15.2と15.3では、劣化した森林の回復や砂漠化の防止が課題と示される。15.5から15.8では、生物多様性を確保するため、絶滅危惧種の保護、密猟の撲滅、外来種侵入の防止などの取り組みが求められる。15.aから15.cでは、こうしたターゲットを実現するための資金の確保や地域コミュニティの能力強化の必要性が示されている。

表A-15　ゴール15のターゲット及び関連するビジネス・アクション

15.1	陸域・内陸淡水生態系及びそのサービスの保全・回復・持続可能な利用を確保する

・企業の運営活動、製品及びサービスの提供が、生物多様性や絶滅危惧種などに関する生態系に及ぼすリスクや影響を特定している。

・生物多様性の保全や、これに関連する活動を、企業の目標や方針に統合している。

・土壌の浄化と修復、生息地の保護と復元、生態系保全などに取り組んでいる。

・陸域及び淡水生態系の保全を促進するため、関連する公的及び民間の利害関係者と協力している。

・自社事業によって排出される廃棄物や有害な化学物質についての責任を負い、生態系への負の影響を未然に防いでいる。

15.2	森林の持続可能な経営を実施し、森林の減少を阻止・回復と植林を増やす

・森林の持続可能な管理を通じ、自社事業やサプライチェーンにおける森林破壊・劣化の阻止に取り組んでいる。

・適切な伐採により、荒廃した景観の復元と復興を支援し、森林関連資源の利用効率を改善させている。

・森林管理協議会（FSC）による森林管理認証を取得しているか、あるいはその取得を支援している。

・サプライチェーン全体で森林破壊のない商品の開発を促進している。

15.3	砂漠化に対処し、劣化した土地と土壌を回復する

・保全農業、持続可能な放牧、植林及び適切な機械化などを通じ、土壌の劣化、浸食、圧密、森林破壊を回避している。

・土壌汚染を防止し、土壌構造を再構築し、従来の表土深度まで土壌を復元させている。

・有機栄養素の補充、適切な作物の栽培による土壌の生産性の向上など、土壌の肥沃度管理に統合的に取り組んでいる。

・土壌データシステム、土壌モニタリングシステムの開発などを通じ、ステークホルダー間のパートナーシップを進めている。

・改良農法、肥料、作物保護システム、品種改良など、新技術の開発に投資している。

15.4	生物多様性を含む山地生態系を保全する

・企業の運営活動、製品及びサービスの提供が、生物多様性や絶滅危惧種などに関する生態系に及ぼすリスクや影響を特定している。

・自社活動が生物多様性や生態系に悪影響を及ぼさないよう配慮している（例：環境に配慮した財、製品、サービスの提供を通じて生物多様性保全に配慮している、事業全体における生物多様性への依存と影響を把握し、大きな負の影響を削減するための計画を策定している）。

・土壌の浄化と修復、生息地の保護と復元、生物多様性保護、環境投資などを通じて山岳生態系の保護に取り組んでいる。

・生物多様性と生態系サービスに関連する目標を、企業方針やサプライチェーンマネジメントに統合している。

・廃棄物や有害化学物質についての責任を負い、土壌、野生生物、生態系及び食物連鎖への負の影響を未然に防いでいる。

15.5	絶滅危惧種の保護と絶滅防止のための対策を講じる

- ・生物多様性と生態系サービスへの影響を測定し、遺伝子、種、ならびに生物学的プロセスへの依存度を認識している。
- ・土壌の浄化と修復、生息地の保護と復元、生物多様性の保護と環境投資を通じて自然の生息地の保護に取り組んでいる。
- ・エコロジカル・フットプリント（人間活動が環境に与える負荷）を削減する製品やサービスを開発し、これらをサプライチェーンにも適用している。

15.6	遺伝資源の利用から生ずる利益の公正・衡平な配分と遺伝資源への適切なアクセスを推進する

- ・遺伝子資源の使用に関連する国際的目標を企業の方針と統合させている。
- ・生物多様性に優しい生産を促進し、持続可能な収穫を支援し、遺伝資源に関する便益の共有を進めている。
- ・野生環境で調達された原料を、耕作可能な原料に代替するなど、遺伝資源の保護に向けた適切な緩和策を講じている。
- ・遺伝資源の利益の共有に関する国際的及び国内的規制を順守している。

15.7	保護対象動植物種の密漁・違法取引をなくし、違法な野生生物製品に対処する

15.8	外来種対策を導入し、生態系への影響を減らす

15.9	生態系と生物多様性の価値を国の計画などに組み込む

15.a	生物多様性と生態系の保全・利用のために資金を動員する
15.b	持続可能な森林経営のための資金の調達と資源を動員する
15.c	保護種の密漁・違法取引への対処を支援する

ゴール16
平和と公正をすべての人に

持続可能な開発のための平和で包摂的な社会を促進し、すべての人々に司法へのアクセスを提供し、あらゆるレベルにおいて効果的で説明責任のある包摂的な制度を構築する。

　ゴール16では、治安、司法、公正といったガバナンスに関する諸問題が取り上げられている。持続的開発を進めるためには、人権や法の支配を尊重し、透明性が高く効率的な行政機関をつくり上げることが必要である。

　戦後、多くの国々で戦争のない平和的な暮らしが続けられたが、地域によっては依然として暴力を伴う紛争に晒されている人々がいる。紛争による死者の数は、先進国と途上国との間で大きな差があり、途上国での比率は先進国の2倍になっている。さらに司法へのアクセスがなく、基本的人権が保障されていない国も少なくない。世界のすべての人々が平和で公正な社会で過ごせるよう、さまざまな取り組みが進められている。だが、現場での暴力や人権侵害の実情は把握が容易ではない。贈賄や汚職も深刻な問題である。とりわけ所得水準が低い国ほど贈賄が増える傾向が見られる。開発途上国では、事業ライセンスの取得、納税、建設許可の取得、電気や水道工事といったさまざまな場面で、賄賂を求められる。こうした習慣の蔓延は、ビジネスの持続的発展に悪影響を及ぼすことになりかねない。

　ゴール16は、16.1から16.bまでの12個のターゲットから構成される。16.1では、暴力の根絶、16.2では、子供に対する虐待や搾取の防止が求めらる。16.3では、司法へのアクセスの保証、そして16.4では、違法な資金や武器の取引といった組織犯罪の根絶が目指される。続く16.5から16.10までは、行政機関のガバナンスに関するターゲットが示される。16.5は汚職の撲滅、16.6は公共機関の透明性と説明責任の確保、そして16.7は政治的意思決定プロセスの改善が求められている。16.8は、国際機関における開発途上国の参加拡大、16.9は、国民への法的な身分証明の提供、16.10は、情報へのアクセスの確保が目指されている。そして、16.aでは、暴力やテロをなくすための国際機関の強化、16.bでは、非差別的な法規及び政策の推進が課題として示される。

表A-16　ゴール16のターゲット及び関連するビジネス・アクション

16.1　暴力及び暴力に関連する死亡率を減らす

・企業の意思決定を紛争や暴力を引き起こすきっかけにしないなど、人権侵害に加担せぬよう努めている。

・人権に関する声明方針を通じ、人権を尊重し、従業員やビジネスパートナーに人権の尊重に関する期待を伝えている。

・労働者や地域社会、そして、その正当な代表者を含むステークホルダーとのエンゲージメントを維持している。

・暴力の発生源を特定し、関連する施策やプログラムを通じて、暴力事件を軽減する努力を支援している。

・職場内の暴力、差別、嫌がらせに関する方針を内部で作成し、施行している（例：ハラスメントを禁止する旨を就業規則に明記。ハラスメント研修を実施。ハラスメント相談窓口を設置）。

・企業に雇用される保安要員が、あらゆる形態の暴力的行動や懲罰を行うことを防止している。

・紛争鉱物を取り扱っていないことを確認している。

16.2　子供に対する虐待や暴力・拷問をなくす

・自社事業及びサプライチェーンにおいて、搾取、人身売買、暴力及び拷問から子供を守っている。

・年少労働者が危険な作業に従事しないように留意し、福祉と安全を確保するために特別な注意を払っている。

・児童労働に取り組む団体と提携し、子供の権利を保護するため、政府と地域社会の取り組みに協力している。

・サプライヤーの行動規範や調達基準を含め、事業活動を通じて児童虐待防止措置を実施している。

・児童労働が存在しているか、さらに児童の権利への悪影響の有無を特定するため、労働検査を実施している。

・児童労働の可能性がある場合、子供の救済、安全確保、リハビリと社会復帰に取り組んでいる。

・自らの事業、製品、サービスが、子供に与える影響に留意し、子供にとって安全であることを保障している。

16.3　司法への平等なアクセスを提供する

・人権と普遍的な原則を順守し、腐敗に関与せず、紛争を助長しないことによって、法の支配を尊重している。

・従業員の関連法規、規範及び規制への意識を高め、あらゆる事故の発生を報告している。

・顧客のプライバシー侵害及び、顧客データ紛失に関する情報を報告している（例：「個人情報に対する基本方針」の策定と体制の整備。社内研修を通じた情報管理ルールの周知徹底。EUの顧客データがある場合はGDPR〈EU一般データ保護規則〉の順守）。

・効果的な苦情処理メカニズムを設置し、同メカニズムに従業員が自由にアクセスできるようにしている。

・自社の事業のため立ち退かされた人々の人権と法的権利が保護され、補償手続が進められていることを保障している。

16.4　違法な資金及び武器の取引などをなくし、奪われた財産の回復及び返還を強化し、あらゆる形態の組織犯罪を根絶する

・武器や資金の取引、犯罪に関する国内外の法律や枠組みを順守している。

・自社の事業のため立ち退かされた人々の人権と法的権利が保護され、補償手続きが進められていることを確認している。

16.5　汚職や贈賄を大幅に減らす

・公共及び民間の利害関係者と協力し、腐敗と贈賄に対するゼロ・トレランス・アプローチを推進している。

・法令遵守の考え方が社内に十分浸透している（例：社内報や掲示板などにより法令順守の重要性を全社員に向け発信。コンプライアンス研修を実施し、その件数を開示）。

・法令遵守が確実に行われるよう、体制・仕組みが整備されている（例：汚職・贈収賄禁止などを含む行動規範を整備。法令順守の方針、内部通報制度などの手順を整備）。

・自社の業務及びサプライチェーンにおいて、第三者のデュー・デリジェンス及びリスク・アセスメントを実施している。

・調達プロセス及びサプライヤーのデュー・デリジェンスの中で、腐敗対策が確実に行われるよう取り組んでいる。

16.6　透明性の高い公共機関を発展させる

・公共機関の効果、説明責任、透明性の向上に貢献する、革新的なソリューションを開発している。

16.7　包摂的で参加型な意思決定を確保する

・ステークホルダーと対話し、自社活動のステークホルダーへの影響を把握している。

・ガバナンスと意思決定のプロセスを明確にし、大きな意思決定を行う際には複数のステークホルダーとの協議を含める。

・最高ガバナンス機関と、その委員会の構成に関する情報を開示している。

・ステークホルダー協議が、最高ガバナンス機関の管理を支援するために使用されているかどうかを報告している。

・最高ガバナンス機関及び、その委員会の指名及び選定プロセスを報告している。

16.8　国際機関への開発途上国の参加を拡大・強化する

16.9　すべての人に出生登録を含む法的な身分証明を提供する

16.10　情報への公共アクセスを確保し、基本的自由を保障する

・法律や政策の策定における参加型意思決定を促進すべく、政府及び市民団体と協力している。

・苦情処理メカニズムから寄せられた不服や苦情を記録し、エンゲージメントに基づく解決方法を模索している。

・従業員とステークホルダーの権利を保護することなどを通じ、サプライチェーン全体で表現の自由を奨励している。

・消費者が十分な情報に基づいて意思決定を下すために必要な情報を提供している。

16.a　暴力やテロをなくすための国家機関を強化する

16.b　持続可能な開発のための非差別的な法規及び政策を推進し、実施する

ゴール 17
パートナーシップで目標を達成しよう

持続可能な開発のための実施手段を強化し、グローバル・パートナーシップを活性化する。

　SDGs の目標を達成するためには、あらゆる資金や人材を動員して、政府、市民団体、民間企業、国際機関などがともに取り組んでゆく必要がある。ゴール 17 は、特定の開発課題を取り上げるのではなく、ゴール 1 から 16 までを達成するための、資金の確保、実施手段の強化に向けた課題を提起している。

　ゴール 17 は、17.1 から 17.19 までの 19 個のターゲットから構成される。まず、17.1 から 17.5 では、さまざまな資金源の動員がテーマとなる。17.1 では、税収などの国内資源の活用が目指される。17.2 では、ODA のコミットメントについて数値目標が提示される。17.3 は、ODA 以外の追加的資金の動員が求められる。例えば、海外直接投資、南南協力の促進である。17.4 は、途上国の債務負担の問題を取り上げている。17.5 では、後発開発途上国における投資促進がテーマとなっている。

　17.6 から 17.8 は、技術開発に関するターゲットが整理される。17.6 では、科学技術イノベーションの推進のために、地域的・国際的な協力を向上させることが目指される。17.7 では、開発途上国に対し、環境に配慮した技術を移転し普及させることが課題として示される。17.8 は、後発開発途上国における、ICT の利用の強化に関する目標である。

　17.9 は、能力構築に関するターゲットであり、途上国の国家計画づくりに向けた能力構築がテーマになっている。

　17.10 から 17.12 までは、貿易面のターゲットが示される。17.10 では、WTO のルールに基づいた多角的貿易体制を促進することが目指される。17.11 では、世界の輸出に占める後発開発途上国のシェアを倍増させるという具体的目標が提示されている。17.12 は、後発開発途上国にとっての無税・無枠の対外市場アクセスに関する目標である。

　17.13 から 17.15 までは、体制面、政策・制度的整合性に関するターゲットである。17.13 では、世界的なマクロ経済の安定が求められる。17.14 では、

持続的開発に向けて政策を一貫させる必要性が示される。17.15 では、貧困撲滅と持続可能な開発のための政策を遂行するにあたり各国のリーダーシップを尊重することが求められる。

　17.16 と 17.17 は、マルチステークホルダー・パートナーシップに関するターゲットである。17.16 では、持続可能な開発のためのグローバル・パートナーシップを強化することが目指される。17.17 は、公的、官民、市民社会のパートナーシップの奨励についての目標である。

　最後に 17.18 と 17.19 は、データ、モニタリング、説明責任に関するターゲットである。17.18 では、開発途上国での能力構築支援を強化し、データの入手可能性を向上させることが目標になっている。17.19 では、開発途上国における統計能力の強化が課題として示されている。

表A-17 ゴール17のターゲット（抄訳）及び関連するビジネス・アクション

17.1 課税及び徴税能力の向上のために国内資源を動員する

・税務当局との交流を透明に保ち、不公正な税制優遇措置を求めていない。

・租税回避行為を行っていない。

17.2 先進国は、開発途上国に対するODA に係るコミットメントを完全に実施する

17.3 開発途上国のための追加的資金源を動員する

・開発途上国における持続可能な開発支援を目的とした投資を行っている。

・利益分配を当該国内に再投資している。

・ブレンド・ファイナンスへの参加を通じ、公共部門と協働しながら、持続可能な開発のために資金源を提供している。

17.4 開発途上国の長期的な債務の持続可能性の実現を支援し、重債務貧困国の債務リスクを減らす

17.5 後発開発途上国のための投資促進枠組みを導入・実施する

・政府ないし国際機関が実施するプログラムに参加し、専門的知見や地域事情に関する知識を提供している。

17.6 科学技術イノベーションに関する国際協力を向上させ、知識共有を進める

17.7 開発途上国に対し、環境に配慮した技術の開発・移転などを促進する

17.8 後発開発途上国のため、ICTをはじめとする実現技術の利用を強化する

17.9 開発途上国における能力構築の実施に対する国際的支援を強化する

・直接投資、現地の民間セクターとの提携や合弁事業への参入などを通じ、自社の能力、専門的知見を提供している。

・地場企業の金融アクセスを改善し、彼らのグローバル・バリューチェーンへの統合を進めている。

・マルチステークホルダー型の官民パートナーシップを構築するために、政府と民間セクターとの対話に参加している。

17.10 WTO の下での公平な多角的貿易体制を促進する

17.11 開発途上国による輸出を増やす

17.12 後発開発途上国に対し、永続的な無税・無枠の市場アクセスを適時実施する

17.13 世界的なマクロ経済を安定させる

17.14	持続可能な開発のための政策の一貫性を強化する

・持続可能性を「通常のビジネス」とすることを目指す国際協調に向けて、他の企業と協働している。
・持続可能な開発のための制度的枠組みを共同設計するために、政府との対話に積極的に関与している。
・持続可能な開発政策に責任をもって関与している。

17.15	政策の確立・実施にあたり、各国の取組を尊重する

17.16	持続可能な開発のためのグローバル・パートナーシップを強化する

・科学技術イノベーションに関する国連のマルチステークホルダー・メカニズムに参加している。
・直接投資やアドボカシー活動を通じて、政府、市民社会、国際機関との共同開発イニシアティブを支援している。
・地場企業を育成し、彼らをグローバル・バリューチェーンに統合するよう支援している。
・産業が直面する重要課題に関して、競合他社と基礎研究的段階における協働を推進している。
・科学技術イノベーションを発展させるために、国際的な協力メカニズムに参加し、政府・非政府機関と協働している。

17.17	効果的な公的・官民・市民社会のパートナーシップを推進する

・政府や市民社会、あらゆる関係者間の透明性と責任あるパートナーシップに参加している。
・持続可能な開発を実現するために必要とされる資源、専門的知見や技術革新を他の関係者と補完し合っている。
・共同開発イニシアティブや国際協力メカニズムを支援し、政府、非政府組織、市民社会及び国際機関と協働している。
・官民パートナーシップのベスト・プラクティスを、知識や専門的知見の共有を通じて特定し、これを活用している。

17.18	開発途上国に対する能力構築支援を強化し、非集計型データの入手可能性を向上させる

・企業の持続可能性に関する情報とデータを公開し、説明責任、透明性、データの品質を向上させている。
・国際基準や一般に合意された指標を用いてモニタリングし、その結果を報告するシステムを構築している。
・持続可能な発展に関わるデータの開示と、これの利用を推奨するイニシアティブを支援している。

17.19	GDP 以外の尺度を開発し、開発途上国の統計に関する能力を構築する

＜著者紹介＞

三井 久明
みつい・ひさあき

（株）国際開発センター SDGs 室長／主任研究員
（一財）国際開発センター SDGs プログラムリーダー
https://www.idcj.jp/sdgs/
早稲田大学理工学術院非常勤講師（国際協力論）

早稲田大学政治経済学部卒業、同大大学院経済学研究科、
英国サセックス大学大学院開発学研究科修了。
1990 年代より国際協力コンサルタントとして開発途上
国での調査・研究業務に従事。2014 年からはインドネ
シア政府の国家開発計画省付き技術協力専門家として、
計画予算策定支援事業及び SDGs 実施体制強化支援事業
を統括。
GRI スタンダード認定講師として「GRI SDGs ビジネス
レポーティング研修」担当。

SDGs経営の羅針盤

2020年6月17日　第一刷発行

著　者　三井 久明

発行者　志賀 正利

発　行　株式会社エネルギーフォーラム
　　　　〒104-0061　東京都中央区銀座5-13-3　電話 03-5565-3500

印刷・製本所　中央精版印刷株式会社

ブックデザイン　エネルギーフォーラムデザイン室